6つのケースでわかる!

弁護士のための
後遺障害の
実務

稲葉声雄　　賓田祥雄

朴上陽介

JN054860

学陽書房

は し が き

　本書は、交通事故事件を進めるにあたり、若手弁護士や、交通事故事件処理経験が乏しい弁護士にとって、悩みの種となる、「後遺障害」について、解説した書籍です。

　交通事故は、いつ誰にでも起き得るものですから、専門分野の別を問わず、あらゆる弁護士が対処を迫られる分野です。

　交通事故を扱っていない事務所でも、たとえばある日、「息子が事故に遭いまして……」などと、顧問先の社長から相談を受け、慣れない分野ながら対応に迫られ、冷や汗をかく、ということも珍しくないと思います。

　しかし、交通事故分野は、ただ単に法的知識を充実させるだけでは、適切な対処ができない、難しい分野であるといえます。

　まず、交通事故分野を規律するのは、不法行為法が中心になりますが、交通事故分野においては、裁判例等の集約により、損害項目や過失相殺等の細かなルール形成が進んでおり、幅広い知識が求められます。

　さらに、保険制度という独自の制度の下で手続が進んでいきますから、制度面についても知識がなければ、適切に立ち回ることができません。

　こうした、一朝一夕では対処が難しい、交通事故事件について、初心者向けの書籍を出版しようというのが、本書のコンセプトです。多数の交通事故事件の経験を積んだ弁護士6名が本書の執筆を行いました。

　そして、若手弁護士や事件の処理経験が乏しい弁護士がつまずきがちな、「後遺障害」問題をテーマとして取り上げました。

　本書では、まず、後遺障害認定手続一般について総論的に解説し、その後、6つの後遺障害をピックアップし、後遺障害等級を獲得するために必要な視点を中心に、各論的な解説を行っております。

　本書で取り上げた6つの後遺障害は、比較的経験が浅い弁護士でも受任する可能性の高い、実務で登場しやすい後遺障害です。

　イメージが湧きやすいよう、各症例についてモデルケースを設定して

説明していますので、本書を後遺障害の実務がわかる入門書としてお使いいただければと思います。

　また、初心者向けの書籍ですので、各後遺障害ごとに、対応上注意すべき点について、治療費等周辺部分の問題も含め、解説を行いました。

　その他、文中には、一部、執筆者のメッセージも含まれておりますので、本書を通じて、様々なものを感じ取っていただき、本書が皆様の実務に少しでもお役に立てれば幸いです。

　最後に、出版に向けてご尽力いただきました、宮川氏、大上氏をはじめ、株式会社学陽書房の皆様に心から感謝いたします。

　令和2年10月

著者一同

ケース**2**

関節の可動域制限
曲げづらい左膝

ケース3

骨癒合後の疼痛症
1年以上通院してもなくならない痛み ……… 59

ケース4

外貌醜状
後遺障害等級と労働能力喪失（率）に乖離がある場合 ……… 73

ケース5

歯牙欠損
歯牙ゆえの特殊性

ケース**6**

PTSD
難しい病名と、難しい依頼者 ──────────── 115

凡　例

【条文の表記】

条文の表記については、以下のように略記して示しています。

（例）民法第709条

→民法709条

【判例の表記】

判例の表記については、以下のように略記して示しています。

（例）横浜地方裁判所判決平成5年12月16日交通事故民事裁判例集26
　　　巻6号1520頁

→横浜地判平5・12・16交民26巻6号1520頁

【法令】

＜略記＞　　　＜法令名＞

自賠法　　　　自動車損害賠償保障法

【資料】

＜略記＞　　　＜資料名等＞

交民　　　　　交通事故民事裁判例集

赤い本　　　　（公財）日弁連交通事故相談センター東京支部編「民事交
　　　　　　　通事故訴訟　損害賠償額算定基準」

青い本　　　　（公財）日弁連交通事故相談センター編「交通事故損害額
　　　　　　　算定基準　実務運用と解説」

事件受任前の
基礎知識

1 後遺障害問題の概観

❶ 後遺障害とは

　後遺障害とは、交通事故によって負った傷病が、いわゆる症状固定状態となり、改善の余地を見ない状態となった様をいい、交通事故賠償実務上の概念としては、このように定義づけられる。

　そして、症状固定状態とは、症状が全く改善しない状態は当然として、症状が一進一退を繰り返し、改善が困難となった状態も含まれる。

　一般に、症状固定状態となった場合には、症状固定時以降の治療費等の積極損害については、原則、賠償の対象とはならず、代わりに、後遺障害を負った事実を捉え、後遺障害逸失利益や後遺障害慰謝料が賠償の対象となる。

　なお、症状固定状態となった後遺症全てが、後遺障害として賠償の対象とされるわけではなく、交通事故賠償実務上は、後遺障害別等級表記載の各基準を満たした症状が、賠償対象となる後遺障害と評価された場合に、後遺障害としての賠償が得られることとなる。

❷ 後遺障害認定

　そして、後遺障害等級基準を満たすか否かについての判断は、後遺障害診断書という書類が作成され、自賠責保険での認定を受けた上で、進められるのが通常である。自賠責保険での認定を受けずに、当該基準を満たすかどうかについて、交渉当事者間で議論をしたり、裁判の場で議論をすることは稀である。

　なお、自賠責保険以外の認定制度としては、例えば、労災制度が考えられる。しかし、当該制度は、労働者保護の制度であり、後遺障害認定についても、労働者保護の視点からなされることとなる。

そのため、適正な補償額の算定を目的とした、自賠責保険制度とは判断における視点が異なり、労災制度によるものと、自賠責保険制度を通じてなされるものとで、後遺障害認定の判断に相違が生じることがある。

実際に、裁判所が重視するのは、自賠責保険の認定結果であり、自賠責保険の認定結果があれば、結果を採用する方向で判断する。仮に、自賠責保険の手続による後遺障害認定が未了であり、労災での認定結果しかないような事案であれば、自賠責保険の認定手続を別途進め、結果を顕出するよう求められたり、労災認定結果を裏付けるような、主張立証の補充を求められることがある。

❸ 後遺障害認定制度が使えない事例

なお、自転車同士の事故の場合等は、自賠責保険の関与がないため、後遺障害認定に困難を要することがある。

仮に、自転車が個人賠償責任保険に加入している等、任意保険会社の関与がある場合には、任意保険会社内にて、後遺障害認定判断が行われることがあり、当該結果に依拠することも可能である。しかし、任意保険加入がない場面も珍しくはなく、その場合には、自らの主張立証により対応していくほかなくなってしまうことがある。

その場合の対処としては、各後遺障害に関し、よくよく研究を行い、充実した主張立証を心がけていくこととなる。

しかし、法律とはかけ離れた、医学的な問題も絡む、専門的な話でもあるから、医学的な意見を求めることができる、調査会社等の機関を利用し、後遺障害認定制度に代替させるような形で、意見書作成等の依頼をすることも一つの手段である（ただし、相応の費用が生じるため、利用するかどうかは、費用対効果を見極め、慎重な検討を要するものと言える）。

2 自賠責保険における 後遺障害認定制度

❶ 事前認定手続と被害者請求手続

　以下、自賠責保険における後遺障害認定手続について、概観していく。

　まず、大きな手続の別として、(加害者側)任意保険会社が資料収集及び自賠責保険への申立など認定手続を進める、事前認定手続と、被害者が自賠責保険に対し、直接申立を行って認定手続を進めていく、被害者請求手続に分かれる。

　両手続ともに、自賠責保険に対して提出される基本的資料については差がなく、どちらの手続をとっても、認定結果に差が生じないとも考えられるが、事前認定手続は、主に、加害者側任意保険会社が行うため、実際には、どのような資料が提供されているのか分からない面もある。

　また、基本的資料のほか、追加資料を作成し、提出したい場合等には、被害者請求手続により、自ら提出作業を行うことも考えられる[1]。

　以下、被害者請求手続の概略[2]及び必要書類について解説する。

❷ 被害者請求手続の流れ

ア　自賠責保険への被害者請求手続申立

　まずは、必要書類をそろえ、自賠責保険に対し、被害者請求手続の申立を行う。

イ　損害保険料率算出機構への調査依頼

　必要書類がそろっていれば、自賠責保険から、損害保険料率算出機構

---

[1] 事前認定手続においても、自ら提出した資料を加害者側任意保険会社に依頼して、加害者側任意保険会社から提出してもらうことも可能であるので、基本的資料以外の資料提出可否という点が、必ずしも、両手続の差となる訳ではないことを、念のため付言しておく。
[2] 損害保険料率算出機構のホームページに掲載されている、自賠責保険(共済)損害調査のしくみというパンフレットが詳細で分かりやすいので、適宜参照されたい。

という機関に対し、被害者の症状が、後遺障害として認められるかどうかの調査依頼がなされる。

　損害保険料率算出機構は、資料を検討し、調査を行うとともに、追加で必要な調査や資料がある場合には、被害者に追加で、対応依頼を行う。

　なお、後遺障害等級を請求者が特定する必要はなく、資料を基に、損害保険料率算出機構が等級該当性判断を行う。もちろん、請求者が等級認定に関する意見を提出することは可能であり、後遺障害等級該当性に関する見解書面等を添付することがある。

　調査期間としては、追加調査の有無や内容にもよるが、例えば、むち打ち損傷のようなケースだと、早ければ、1～2か月程度で、調査が完了するイメージである。

ウ　認定結果報告

　調査が完了すると、自賠責保険会社を通じ、後遺障害認定結果の連絡がある。

　その際、後遺障害等級認定がなされた場合には、それに応じた保険金が支払われる。

エ　異議申立手続[3]

　仮に、非該当との結果になった場合や認定等級に不服がある場合には、異議申立手続を行い、結果を争うことが可能である。

　この場合、前述のアからウまでの手続を繰り返すことになるが、同一資料に基づき、判断内容が不当であるとの指摘を行うだけでは、認定結果を覆すことは難しく、従前の申立では提出していないような資料や観点を示す等して、対応を進めていくこととなる。

❸ 必要資料・書類

　必要資料・書類については、請求先の自賠責保険会社に対し、請求様式のパンフレットを請求すれば、説明書と各書式のひな形及び記入例を

3　類似の制度として、自賠調停制度があるが、本書では詳しく触れない。

受領することができるので便利である。

　なお、傷害部分にかかる被害者請求部分を除き、後遺障害認定手続に限定して被害者請求手続を行う場合で、代理人が請求手続を行う場合には、一般に、次のような書類が要求される。

・自動車損害賠償責任保険保険金支払請求書兼支払指図書
・後遺障害診断書
・診断書
・診療報酬明細書
・交通事故証明書
・事故発生状況報告書
・請求者の印鑑証明書
・委任状
・委任者の印鑑証明書

　その他、損害保険料率算出機構の調査が始まった段階で要求されることが多い資料として、以下のものがある。

・病院で撮影したＸＰ・ＣＴ・ＭＲＩ画像資料
・照会状形式の文書への回答

　なお、後遺障害診断書・診断書・診療報酬明細書については、書式を掲載しておくとともに、資料の読み方について若干解説をしておく。

自動車損害賠償責任保険後遺障害診断書

氏 名					男・女
生年月日	（ ） 年 月 日（ 歳）				
住 所					

■記入にあたってのお願い

1. この用紙は、自動車損害賠償責任保険における後遺障害認定のためのものです。交通事故に起因した精神・身体障害とその程度について、できるだけ詳しく記入してください。
2. 歯牙障害については、歯科後遺障害診断書を使用して下さい。
3. 後遺障害の等級は記入しないで下さい。

職 業	

受傷日時	年 月 日	症状固定日	年 月 日

当 院 入院期間	自 年 月 日（ ）日間 至 年 月 日	当 院 通院期間	自 年 月 日 実治療日数 至 年 月 日 日

傷病名		既存障害	今回事故以前の精神・身体障害：有・無 （部位・症状・程度）

自覚症状	

各部位の後遺障害の内容	各部位の障害について、該当項目や有・無に○印をつけ①の欄を用いて検査値等を記入してください

① 精神・神経の障害および他覚症状の検査結果	知覚・反射・筋力・筋萎縮など神経学的所見や知能テスト・心理テストなど精神機能検査の結果も記入してください。 X-P・CT・EEGなどについても具体的に記入してください。 眼・耳・四肢に機能障害がある場合もこの欄を利用して、原因となる他覚的所見を記入してください。

② 胸腹部臓器・泌尿器・生殖器の障害	各臓器の機能低下の程度と具体的症状を記入して下さい。 生化学検査・血液学的検査などの成績はこの欄に簡記するか検査表を添付してください。

③ 眼球・眼瞼の障害		視 力		調 節 機 能			視 野	眼瞼の障害
		裸眼	矯正	近点距離・遠点距離	調節力		イ．半盲（1/4半盲を含む）	イ．まぶたの欠損
	右			cm cm	（ ）D		ロ．視野狭窄	ロ．まつげはげ
	左			cm cm	（ ）D		ハ．暗点	ハ．開瞼・閉瞼障害
	眼球運動	注視野障害 （全方向1/2以上の障害）	右 左	複視	イ．正面視 ロ．左右上下視		ニ．視野欠損 〔視野表を添付してください〕	
	眼症状の原因となる前眼部・中間透光体・眼底などの他覚的所見を①の欄に記入してください。							（図示してください）

【後遺障害診断書②】

④聴力と耳介の障害

オージオグラムを添付してください

イ.感音性難聴（右・左）
ロ.伝音性難聴（右・左）
ハ.混合性難聴（右・左）

聴力表示
イ.聴力レベル
ロ.聴力損失

検査日		6分平均		最高明瞭度	
第1回	年 月 日	右	dB	dB	%
		左	dB	dB	%
第2回	年 月 日	右	dB	dB	%
		左	dB	dB	%
第3回	年 月 日	右	dB	dB	%
		左	dB	dB	%

耳介の欠損
イ.耳介の1/2以上
ロ.耳介の1/2未満
（右⑦欄に図示してください）

耳鳴
聴力レベル30dB以上の難聴を伴う耳鳴を対象とします
右・左

⑤鼻の障害
イ.鼻軟骨部の欠損
（右⑦欄に図示してください）
ロ.鼻呼吸困難
ハ.嗅覚脱失
ニ.嗅覚減退

⑥そしゃく・言語の障害
原因と程度（摂食可能な食物、発音不能な語音など）を左面①欄に記入してください

⑦醜状障害(採皮痕を含む)
1.外ぼう　イ.頭部　ロ.顔面部　ハ.頚部
2.上肢
3.下肢
4.その他
（図示してください）

⑧脊柱の障害

圧迫骨折・脱臼(椎弓切除・固定術を含む)の部位

X-Pを添付してください

運動障害

イ.頚椎部		ロ.胸腰椎部	
前屈	度	後屈	度
右屈	度	左屈	度
右回旋	度	左回旋	度

荷重機能障害
常時コルセット装用の必要性
有・無

⑨体幹骨の変形
イ.鎖骨　ロ.胸骨　ハ.肋骨　ニ.肩甲骨　ホ.骨盤骨
(裸体になってわかる程度)
X-Pを添付してください

⑩上肢・下肢および手指・足指の障害

短縮	
右下肢長	cm
左下肢長	cm

(部位と原因)

長管骨の変形
イ.仮関節　ロ.変形癒合
(部位)
X-Pを添付してください

欠損障害（離断部位を図示してください）

上肢		下肢		手指		足指	
(右)	(左)	(右)	(左)	(右)	(左)	(右)	(左)

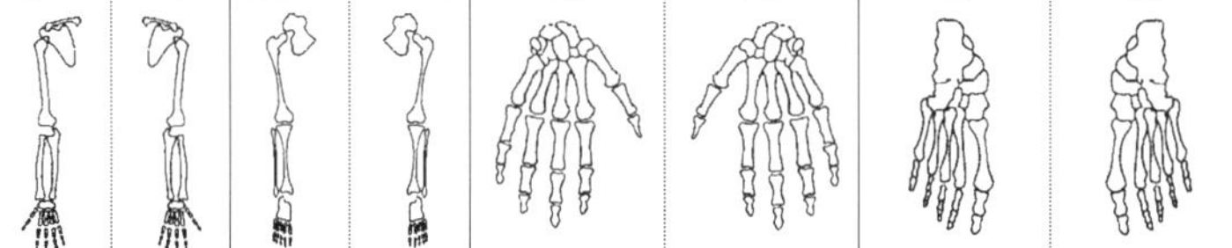

関節機能障害（日整会方式により自動他動および健側患側とも記入してください）

関節名	運動の種類	他動 右	他動 左	自動 右	自動 左	関節名	運動の種類	他動 右	他動 左	自動 右	自動 左
		度	度	度	度			度	度	度	度

障害内容の増悪・緩解の見通しなどについて記入してください

上記のとおり診断いたします。

診断日　年　月　日
診断書発行日　年　月　日

所在地
名称
診療科
医師氏名　印

【診断書（自賠責様式）表面】

（保険会社使用欄）

診　断　書

カルテ番号：

傷病者

住　所

氏　名　　　　　　　　　　　男・女　　　　　年　月　日生

傷　病　名	治療開始日	治ゆまたは治ゆ見込日 (注1)	(注2) (注1)
	年　月　日	年　月　日	治ゆ・治ゆ見込
	年　月　日	年　月　日	治ゆ・治ゆ見込
	年　月　日	年　月　日	治ゆ・治ゆ見込
	年　月　日	年　月　日	治ゆ・治ゆ見込

症状の経過・治療の内容および今後の見通し　　　　（受傷日　　年　　月　　日）
（手術のある場合は実施日をご記入下さい）

主たる検査所見

初 診 時 の 意 識 障 害	なし・あり（程度　　　　　　　　　継続期間　　　　日　　　時間）
既往症および既存障害	なし・あり(注2) (　　　　　　　　　　　　　　　　　　　　)
後遺障害の有無について	なし・あり・未定

入院治療	日間　自　　年　月　日・至　　年　月　日	（診断日）　　年　月　日
通院治療	日間（内実日数　　日）　自　　年　月　日・至　　年　月　日	治ゆ・継続・転医・中止・死亡
ギ ブ ス 固定期間	固定　　　　　除去　　　　　固定具の種類　自　年　月　日・至　年　月　日(　　　)	
付添看護を要した期間	日間　自　　年　月　日・至　　年　月　日	理由

（注1）治ゆ見込み日をご記入のうえ、該当する事項を○で囲んで下さい。また、現時点で治療継続中の傷病については治ゆ見込日を、また、既に治ゆした傷病については治ゆ日を、

（注2）当該交通事故による傷害の治療上考慮しなければならない既往症がある場合は（　）内に記載して下さい。また既存障害がある場合も記載して下さい。

（裏面も記入願います）

上記の通り診断致します　　所在地

（作成日）　　　　　　　　名　称　　　　　　　　　　TEL.　（　　）

　　年　月　日　　　　　　医師氏名　　　　　　　　　㊞

328960 -0101

事件受任前の基礎知識……9

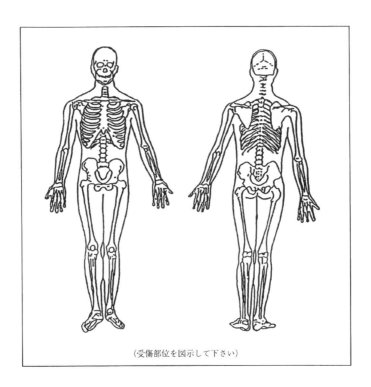

(受傷部位を図示して下さい)

後遺障害のあるものについては、確定した時点において、別に定める後遺障害診断書（損害保険
会社ならびに自賠責損害調査事務所に備付けてあります。）をご作成願います。
この診断書は自動車損害賠償責任保険の処理上必要といたしますので、なるべくこの用紙をご使用
下さい。なお、この用紙と同内容のものであれば貴院の用紙を使用してもさしつかえありません。

ア　後遺障害診断書の書き方

　後遺障害診断書（7頁・8頁）構成として、左上の自覚症状欄まで
が、共通して記載される事項で、その下、①から⑩までが症状毎に記載
される、各論的部分である。

　実務的によく見られる点として、特に、自覚症状欄と①欄には、医師
が具体的に記載を行うのだが、簡素な記載に留まってしまう場合が散見
される。

　こうした場合に、後遺障害認定上不利益な扱いをされることも想定さ
れる。したがって、記載するのは医師であり、医師の判断に基づいて作
成される以上、対処困難な面もあるものの、医師と被害者とで詳細に打
ち合わせし、可能な限り自覚症状と、自覚症状に結びつくような他覚症
状や検査結果について詳細な記載がなされるよう、取り計らうことが肝
要である。

イ　診断書（自賠責様式）の読み方

　9頁・10頁掲載のものが自賠責様式の診断書一般である。自賠責保険
の請求手続上、自賠責様式以外の体裁の診断書だと、基本的に受理され
ず、当該様式のものを取り付けるよう、自賠責保険より依頼がなされ、
二度手間となってしまうことがある。

　記載については、表面に具体的な傷病名や症状経過・治療期間等の具
体的情報が記載され、裏面には、受傷部位が図示されるようになってい
る。

　表面中段の「症状の経過・治療の内容および今後の見通し」欄につい
ては、医師によって、被害者の症状経過や治療内容が具体的に記載され
る。例えば、「交通外傷により受傷。初診時、頸部の疼痛、左下肢痛痺れ
の自覚症状が見られた。外用薬・内服処方、安静指示とした。」等と記載
される。

　表面右下の診断日欄には、診断した日付のほか、治ゆ、中止など、診
断日時点での被害者の症状の経過や結果をチェックする欄があり、被害
者の状況に応じて選択して記載される。

【診療報酬明細書】

J902 　　年　　月分　自動車損害賠償責任保険・共済　診療報酬明細書　（入院外）

被保険者証の記号・番号		※診療の種類	健保関係	労災	自由診療	その他	薬価病起因	業務上	通勤途上	その他

保険者名

氏名 傷病名			男・女	年生才	受傷日			年 月 日	診療実日数	日
					初診日			年 月 日		
					診療期間	自 至		年 月 日 年 月 日	※転帰 治ゆ 継続 転医 中止 死亡	

この傷病報酬明細書は自動車損害賠償責任保険・共済の処理上必要といたしますので、この用紙を使用し診療内容を詳細にご記入願います。

診療内容		点数	金額	摘要
初診	11 初診 時間外・休日・深夜・乳幼児※	点	円	
1012 再診	12 再診 外来管理加算 × 回			
	時間外 × 回			
	休日 × 回			
	深夜 × 回			
	13 医学管理			
	その他			
	小計			
20 投薬	21 内服 薬剤 単位			
	調剤 × 回			
	22 屯服 薬剤 単位			
	23 外用 薬剤 単位			
	調剤 × 回			
	25 処方 × 回			
	26 麻毒 回			
	27 調基			
	小計			
30 注射	31 皮下筋肉内 回			
	32 静脈内 回			
	33 その他 回			
	小計			
40 処置	薬剤等			
	小計 回			
50 手術麻酔	薬剤等			
	小計			
60 検査	薬剤等			
	小計			
70 画像診断	フィルム・薬剤等			
	小計			
80 その他	処方せん 回			
	リハビリテーション等			
	薬剤等			
	小計			
合計（1点単価　円）				

社会保険への請求額		円
患者負担	負担割合（　　　　％）	円
	小　計	円
診断書料 通		円
明細書料 通		円
その他		円
小　計		円
総請求額		円

通院日に○をつけてください。

月	1	2	3	4	5	6	7	8	9	10	11	12	13	14	15	16	17	18	19	20	21	22	23	24	25	26	27	28	29	30	31	計	日
月	1	2	3	4	5	6	7	8	9	10	11	12	13	14	15	16	17	18	19	20	21	22	23	24	25	26	27	28	29	30	31	計	日
月	1	2	3	4	5	6	7	8	9	10	11	12	13	14	15	16	17	18	19	20	21	22	23	24	25	26	27	28	29	30	31	計	日

上記金額 ￥　　　　　　　　　　　を　　　　　　　　殿
（に請求・から受領）済であることを証明いたします。
（請求または受領のいずれかを抹消し消印してください。）
　　　　　年　　　月　　　日

所在地
名　称　　　　　　　　　　　　　　（　　　床）
医師名　　　　　　　　　　　　　　　印
電　話

受付印　　　　　　　受付印

※欄は該当する事項を○で囲んでください。

365570 - 0101

ちなみに、治ゆについて、必ずしも症状が寛解した状態のみを意味するのではなく、症状固定状態に至った場合も当てはまるため、注意が必要である。

ウ　診療報酬明細書の読み方

　診療報酬明細書（12頁）には、行った診察内容に従い、点数、金額が記載され、右側の摘要欄に各項目の補足事項や処方された薬剤、処置内容等が記載される。それにより、どのような治療行為がなされたかについて、ある程度把握することが可能である。

　また、右下欄に費用の合計額等が記載され、左下の欄に、合計金額の請求あるいは支払状況が記載される。

　一括対応中（相手方保険会社が治療費を病院に直接支払っている状態）の費用については、任意保険会社宛の請求となっていることが通常である。

　被害者から受領済みとされている場合には、任意保険会社との間で費用が精算されているか等について注意を払い、被害者が負担している治療費について、請求漏れとなってしまうことがないように気を配る必要がある。

❹ 補足資料

　なお、症状の一貫性や症状の重篤さ、事故との関係性等を示すために、後遺障害認定手続の判断に資するよう、補足資料を準備し、提出することがある。各論的な話については、各ケースに委ねるとして、総論的な資料として、以下のような資料が考えられる。

ア　カルテ

　診断書等の簡素な記載からは読み取れない、各時点での被害者の傷病状態、治療経過や検査結果を確認することができる。

　有益な資料となり得る反面、簡素な記載になっていたり、同一記載の繰り返しになってしまっている等提出することで、症状の一貫性や重篤さの判断において不利益となる場合も考えられるから、提出について

は、慎重に検討すべきである。

イ　日記

　被害者が日記等、治療経過や症状の状態変遷が分かるような記録を作成している場合には、当該資料を提出することが考えられる。

　画像所見等の客観的所見に乏しく、症状経過の立証が必要な場合には、有益な資料となる場合がある。

ウ　写真

　醜状障害の事案など、写真によって被害者の症状が示せる場合には、写真を撮影し、提出することも有益となる場合がある。

エ　事故状況に関する資料

　客観的所見に乏しいような症状の場合に、事故状況が苛烈であれば、一般に後遺障害認定可能性を高めるものと考えられる。

　刑事記録等により、加害車両の速度や車両の損傷状況等に言及している場合には、事故状況の苛烈さを証明する資料となり得る。

オ　物的損害に関する資料

　車両損害に関し、修理見積書や車両の損傷状況を示す写真等を提出し、同様に事故の苛烈さを示すことが考えられる。

カ　医師見解書・回答書

　医師に作成してもらった見解書や質問書を送付し、それに対する回答を得て、当該回答書面を資料として提出することが考えられる。

　ポイントとしては、有益な事実があるにもかかわらず、提出資料から検出されない場合において、医師に補足的に有益な事実を明らかにしてもらうことや、不利益な事実がある場合にはそれをフォローしてもらうということになる。

　医師見解書作成にあたっては、以上のような観点も踏まえ、どのような資料が作成可能かを医師と打ち合わせることが肝要であり、場合によっては、医師面談を行った上で、資料作成を進めていくこととなる。

むち打ち損傷

一括対応終了タイミングでの相談事例

1 　甲弁護士が受けた法律相談

　甲弁護士は、知人の紹介で、Y女から交通事故の相談を受けた。

　単純な追突事故であったが、初めての交通事故であり、Y女は不安が尽きなかったのか、事故直後の段階から、弁護士への相談を希望した。甲弁護士は、Y女から話を聞いてアドバイスし、少しでも不安が解消できればと考えた。

　聞き取りの結果、Y女が乗車していた車が損傷したほか、Y女が怪我をしており、頸椎捻挫と診断されていることが分かったが、相手方には任意保険加入があり、事故状況からしてもY女に過失が生じる事案ではないと判断したため、一般的なアドバイスを行うにとどめた。

　そして、今後、何か問題が起きるようなら、再度相談に来るようにアドバイスをし、相談を終了した[1]。

　その後、事故から半年程度が経過した頃、Y女から、「改めて相談したい」との連絡が入った。

甲弁護士：お久しぶりです。お体の具合はいかがですか？

Y女：事故の時よりは良くなりましたが、まだまだ痛い状態が続いています。雨が降ったり、寒かったりすると、ものすごく体が痛みます。

　　まだまだ体が良くない状態なのですが、相手方の保険会社から信じられない連絡が来たのです。

---

[1] 事故直後の相談も珍しくないが、この場合には、特に、弁護士が対処すべきことがないことも多い。その場合には、事故対応がどのように進んでいくか、一般的な賠償項目や相場観、過失割合の見通し等を説明しつつ、弁護士に再相談したほうがよい場合を、事案に即して、想定しながら説明してあげると丁寧である（この点については、「5　対応の勘所」(38頁)でも触れており、確認されたい）。また、人損については、慰謝料増額交渉が観念しえることが大半であるから、相手方の保険会社から賠償額の提案があった際には、弁護士に金額妥当性を確認するのがよいという点も伝えてあげれば、なお、丁寧である。

甲弁護士：と言いますと？

Y女：治療費について、今月末までしか支払えないと言われました。

甲弁護士：それはひどいですね。理由について何か言っていましたか？

Y女：よくわからなかったのですが、一括対応がどうとか、症状固定時期がどうこうと言っていました。

甲弁護士：なるほど。一番最初に相談に来ていただいた際に、保険会社から治療費が支払われる時期や損害として認められる治療期間には一定の区切りがあるという話をしたのは覚えていますか？

Y女：確かそんな話を聞いていたような気がします。

甲弁護士：一般的な考えとして、治療費について、無期限無制限に被害者の損害として認めるのではなく、一定時期で区切ろうという考え方があります。このように考えないと、一生続くような後遺症を被害者が負った事案だと、加害者が、被害者の一生涯に渡って治療費の補償を続けなければならなくなります。

　　そして、この場合の区切りの時期として、症状固定時期というものが検討されます。

　　これは、文字通り、症状が固定した時期、つまり、これ以上症状が良くならない時期や、症状が一旦は良くなるものの、その後悪くなってしまうなど、症状が一進一退を繰り返すような状態になった時期を指します。

　　このような時期に差し掛かったと判断されると、それ以降の治療行為については、原則、事故との因果関係が認められないという扱いになり、事故との因果関係が否定されてしまえば、被害者は、加害者に、症状固定時期以降の治療費を請求することができません。

　　なお、重篤な後遺障害が残ってしまった場合など、例外的なケースでは症状固定時期以降の治療費も認められることがありますが、今回のような、いわゆるむち打ち損傷のケースだと、症状固定時期以降の治療費を請求することは極めて困難でしょう。

Y女：なるほど。つまり、私の症状は、今月末頃が症状固定の時期で、以降の治療費は加害者が負担すべきものではないと、相手方の保険会

社は言いたいわけですね。

甲弁護士：そういうことになるかと思います。

Ｙ女：まだ体が良くないのに、治療をやめろってことでしょうか？
ひどい話ですね。先生、私はどうすればいいでしょうか？

甲弁護士：お気持ち、お察しします。しかし、今説明をいたしました、症状固定に関する見解は、交通事故の事案において、確立したものとなっておりますので、残念ながら、症状固定時期に関する考え方を踏まえて今後の対応を考えなければならないのも事実です。

　　今後の選択肢はいくつかあります。まず、相手方保険会社からの治療費の支払いはストップしてしまいますが、このまま健康保険を使っていただくなどして、自費で治療を続けるという進め方があります。

　　この場合、治療終了後に、相手方保険会社が認めなかった期間の治療費や慰謝料を獲得することを交渉や訴訟で目指していくことになります。

　　しかし、今日お持ちいただいた、診断書や診療報酬明細書を見ると、数か月前から、同様の治療を繰り返している状況が認められますし、事故状況やＹ女様の具体的な症状なども踏まえますと、治療期間としても、相応に経過していると考えられるかと思います。

　　このような面をとらえると、Ｙ女様の現在の症状について、症状固定状態であると評価される可能性も十分にありそうで、訴訟等で治療を継続した分の、治療費や慰謝料を獲得できるかは不透明です。

Ｙ女：なるほど。確かに、痛い以上は、治るまで通いたい気持ちもありましたが、数か月前から体の状態が変わらないのも事実ですし、主治医もこれ以上良くなるかは分からないと言っていましたから、こうした状況の中で、治療の話をずっとする訳にもいきませんので、どこかで区切りをつけなければならないとも思っていました。

甲弁護士：わかりました。そうであれば、現在残っておられる症状が、後遺障害として認められるかどうか、認定を受ける手続に進むのがよろしいかと思います。

　　手続としては、まず、担当医の先生に、Ｙ女様の症状が症状固定に

至っているという内容の、後遺障害診断書を作成していただくことになります。

　後遺障害診断書の作成を依頼する場合、医師に症状固定であるとの診断を受けることになりますから、ある種自ら症状固定時期を決めてしまう側面[2]もあるのですが、現状抱えておられる症状が後遺障害として評価されれば、事故によって負傷してしまったことに対する補償とは別に、別途、後遺障害を負ったことに対する補償を受けることが可能です。

Y女：それが現実的な方法なのかもしれません。先生の目から見て、私の症状は後遺障害として認定されそうですか？

甲弁護士：後遺障害の判断についてですが、1級から14級までの等級ごとに分かれ、認定基準に基づき、後遺障害該当性が判断されます。そして、Y女様のような、いわゆるむち打ち損傷のケースだと、一般に、後遺障害等級12級13号か14級9号に認定される可能性があります。

　12級13号の場合には、痛みの原因が医学的に証明できる場合に、認定されるとされていますが、Y女様の場合には、CT等から他覚的な所見は認められないようですし、その他、症状の裏付けになるような診断もないようですので、なかなか難しいのではないかと思います。

　14級9号の場合、12級13号の場合のように、他覚的には証明されないけれども、治療経過等に照らして、被害者が訴える痛みが医学的に説明可能である場合に、14級9号が認定されるとされています。

　最初に相談対応をさせていただいた際に、後遺障害が残ってしまった場合の認定手続に備え、自分の症状について日々記録を付けておいたり、「神経学的所見について」という紙を医師に記載してもらうと役立つかもしれないとアドバイスしましたが、どうですかね？

Y女：はい、本日、資料を持参してきましたので、見てもらえますか。

甲弁護士：なるほど、Y女様の症状についての記録を見ますと、詳細かつ鮮明で、事故当初から症状が一貫して継続している様子が認められ

---

[2] ただし、医師判断は症状固定時期を定める上での一つの要素にすぎず、後述のとおりである。

ます。

　また、担当医の先生に作成していただいた、「神経学的所見について」という書面を見ますと、神経学的検査結果も陽性と出ており、事故後一貫しております。

　こうした資料は、決定的なものとまでは言えず、あくまで、補足的な資料にすぎませんが、こうした資料に基づいてアピールすれば、後遺障害として認定される可能性もありそうですね。

　それでは、手続を進めるために、医師に後遺障害診断書の作成を依頼していただけますか？　併せて、画像資料も必要になりますので、病院から取得するようにしてください。

Ｙ女：わかりました。早速対応します。

2 法律相談後の対応

❶ むち打ち損傷とは

　むち打ち損傷とは、骨折や脱臼のない頸部脊柱の軟部支持組織の損傷であり（『交通事故におけるむち打ち損傷問題〔第二版〕』（保険毎日新聞社、2012年）25頁）、典型として、交通事故の際に、乗車車両が追突を受けたことで、乗員の頸椎全体が鞭のしなりのように揺さぶられる等して、頸椎が過伸展と過屈曲を強制されることで、X線上外傷性の異常を伴わない頭頸部症状が引き起こされるとされる。

　当該症状については、他覚的所見（検査から導かれる医師の所見）を伴わないことが多く、自覚症状しか認められないことが影響し、症状固定時期（相当な治療期間）についての判断がしばしば問題となり、また、後遺障害認定についても困難を伴う。

　そして、後遺障害認定を受けたとしても、労働能力喪失期間や素因減額等、諸要素が問題となることも多い。

❷ 事案解決のポイント

　むち打ち損傷のケースにおいては、後遺障害認定に関するアドバイスだけでなく、治療期間等の問題にも目を向ける必要がある。

　そもそも、相談を受けるむち打ち損傷のケースの大半は、他覚的所見のないケースである。

　この場合、本人の自覚症状しか、症状を示す要素が存在しないことが多く、それゆえ、治療期間やひいては治療の必要性自体に疑義をもたれる場合も少なくない。

　これは、いわゆる症状固定時期や、一括対応制度（加害者側任意保険会社が被害者の治療費を、医療機関に対し立替払いする制度）の終了治

療費一括払いの打ち切りの問題である。

　むち打ち損傷ケースにおいては、こうした問題に関しても、適切にアドバイスし、対処を図る必要がある。

ア　症状固定概念についての説明

　繰り返しになるが、むち打ち損傷のケースでは、被害者が、加害者側保険会社からの一括対応打ち切り通告を受けて、対応について相談に来ることも多い。

　被害者の立場からすれば、自分に非がないような事故で、自分の体に、いまだ痛みが残存しているにもかかわらず、加害者側から治療費の支払いを打ち切られるわけであるから、疑問の域を出て、怒りの感情さえ覚えても当然である。

　このような観点から、被害者にとっては、一括対応打ち切りは、理解しがたい事態なのであるから、専門家の立場からリスクヘッジの意味合いも込めて、症状固定概念について分かりやすく説明することが大事である。

　ただしこれは、一般人には理解しにくい法的概念であり、日頃から研鑽を積み、理解が得られるような説明を工夫することが大切である。

　ちなみに、むち打ち損傷における症状固定時期について、「事故から半年程度」を目安時期として説明するケースがみられるが、特に根拠がないものと筆者は考え、確定的な情報として伝えるのは避けるべきと考える。

　つまり、症状固定時期は、種々の要素を総合考慮して判断されるものであり、個々のケースにおいて個別具体的に判断されるものであるから、一義的に決まっているかのような説明を行うことは、無用な誤解を生み、依頼者に不利益を与えかねず、安易には避けるべきと考える（なお、あくまで法的概念であることについても説明しておいたほうがよい。依頼者から、「症状固定日については、医師が決めるのでは？」との質問もよく受ける。この点について基本的に医師の判断が尊重すべきとされるが、あくまで一要素に過ぎず、医師判断と裁判所の判断が異なるケースも相応に存在しているようである。赤い本下巻2013年度10頁以下を参照）。

イ　治療継続希望があった場合の対応

　また、加害者側保険会社が一括対応を終了した以降も「治療継続したい」と、被害者から要望されることも多い。この場合には、一括対応制度が交通事故分野における特殊な制度であり、あくまで、加害者側保険会社の任意に基づく制度であることを丁寧に説明した上で、まずは、社会保険による受診に切り替え、自己負担による通院を継続することとなる旨を説明し、将来的に、一括対応終了後に負担した治療費の支払が受けられなくなるリスクを説明しながら、対応を促すべきである。

　なお、被害者に過失が存在しないようなケースの場合、被害感情が強く、一括対応制度の説明に対して、十分な理解が得られないことも珍しくないが、丁寧な説明に終始し、被害者が適切な理解に基づき、以後の行動を選択できるように尽力すべきである（なお、一括対応制度については、『Ｑ＆Ａハンドブック交通事故診療 全訂新版』（創耕舎、2015年）111頁以下が詳述しており、参照されたい）。

ウ　後遺障害認定可能性についての説明

　依頼者との打ち合わせの際に、後遺障害認定可能性について質問を受けることは多々ある。最善を尽くすことをしっかり伝えるのはもちろんのこと、依頼者が事案の進め方を適切に判断できるよう、むち打ち損傷ケースの場合には、他覚的所見を伴わないこと等を理由として、後遺障害認定に対するハードルが高いことは、率直に説明しておくべきである。

3 等級認定

❶ むち打ち損傷事案における後遺障害等級

むち打ち損傷のような末梢神経障害のケースにおいて、認定される可能性がある後遺障害等級は、12級13号ないし14級9号であり、等級規定上、以下のように規定されている。

■むち打ち損傷事案における後遺障害等級

等級	後遺障害
12級13号	局部に頑固な神経症状を残すもの
14級9号	局部に神経症状を残すもの

それぞれの規定の内容について、『労災補償 障害認定必携〔第17版〕』（労災サポートセンター、2020年）161頁は判断基準に関し、12級13号については「通常の労務に服することはできるが、時には強度の疼痛のため、ある程度差し支えがあるもの」、14級9号については、「通常の労務に服することはできるが、受傷部位にほとんど常時疼痛を残すもの」と記述しているが、いずれも抽象的な記述に留まる。

この点、自賠責保険実務においては、12級は「障害の存在が医学的（ないしは他覚的）に証明できるもの」、14級は「障害の存在が医学的に説明可能なもの」という考え方が採用されており、裁判例でもこのような判示がなされることがある（『後遺障害等級認定と裁判実務 改訂版』（新日本法規、2017年）289頁以下）。

なお、医学的ないしは他覚的に証明できるという点について、「他覚的な証明」とは、事故により、身体の異常が生じ、医学的見地から、その異常により現在の障害が発生しているということが、他覚的所見をも

とに判断できるということを意味する。

そして、「医学的に説明可能」とは、現在存在する症状が、事故により身体に生じた異常によって発生していると説明可能なものということを意味し、被害者に存在する異常所見と残存している症状との整合性が必要となる（青い本27訂版305頁）。

❷ 他覚的所見

なお、他覚的所見のとらえ方において、保険会社を含む加害者側と被害者側で相違が存在しているとの指摘がある。被害者側の主張は、通常、自訴に留まらない異常状態があれば、他覚的所見が存在すると認められるとの立場になり、医師の判断に左右されざるを得ないような医学的検査所見も他覚的所見に含まれるとの内容になるが、他方で、自賠責保険側は、異常を他覚的に確認できる所見、被害者に存在している残存症状を発生させている神経系統の不具合の存在が確認できる所見こそが「他覚所見」であるとの立場をとっている、との指摘がなされている（『新・現代損害賠償法講座　5　交通事故』（日本評論社、1997年）156頁以下）。

こうした点を踏まえ、問題となるのが、むち打ち損傷一般において、他覚的所見の証明のために用いられる、神経学的検査の性質である。

各検査については後述するが、各検査結果が陽性であったとしても、それが、他覚的所見の証明と言えるかどうかが問題となることも多い。

例えば、ジャクソンテストやスパーリングテスト等の神経学的検査は、医師が患者の身体を押さえ込むなどして特定状態を生じさせ、その際に痛みが生じるか否かを検査するものであるが、痛みが生じるかについては、結局は患者の申告によるものであり、純粋な客観的所見とはいえない面があると考えられる。

実際、筆者の経験上、自賠責保険への申し立ての際に、これらのテスト結果を強調して申し立てを行っても、12級該当性が認められることはほとんどないし、むしろ非該当になることも多いことからして、自賠責保険も同様の考えから、他覚的所見とは扱っていないように思われる。

❸ 等級認定獲得のための視点

　以上を前提としつつ、むち打ち損傷のケースにおける、等級認定獲得のための立証活動について概観を述べておく。

ア　12級13号認定について

　12級13号該当性が認定されるためには、まずは、他覚的所見の存在が不可欠であると言える。

　前述のとおり、むち打ち損傷のケースにおいては、確固たる他覚的所見が存在することは多くなく、仮に、他覚的所見が存在したとしても、事故との因果関係が否定されることも多い。

　以上を前置きした上で、むち打ち損傷のケースにおいては、次のような画像所見や検査結果を用いて、他覚的所見の存在を立証することが考えられる。

　以下、画像所見や検査結果について、抜粋して詳述する。なお、画像所見や検査結果から読み取れる異常所見については、単に提出するだけではなく、補足説明を行う必要が生じる場合がある。

　この場合に、弁護士が、自ら文献等を調査し検討することで、説明することもできなくはないが、正確性が担保されず、おすすめしない。被害者の担当医に確認する等して、医師の協力を得ながら進めるのが確実であり、場合によっては、医師に意見書等の作成を依頼することが重要である。

㈎　ＸＰ・ＣＴ・ＭＲＩ等の画像所見

　各用語を若干説明すると、ＸＰがレントゲン撮影画像、ＣＴ及びＭＲＩ検査は、人体の断面を撮影し画像化する検査であり、ＣＴ検査がＸ線によるもの、ＭＲＩ検査が磁気によるものである（各検査の詳細を確認したい場合には、『標準整形外科学　第14版』（医学書院、2014年）112、510、555頁以下を参照されたい）。

　むち打ち損傷ケースにおいて、画像所見上、確認されることが多いのは、頚椎や腰椎の狭小化であり、ヘルニア症状等を示す所見となる。

　当該所見については、画像上客観的に認識し得るものであり、被害者

の症状に関する他覚的所見であるとして、認定されるケースも存在している。

　ただし、画像所見上確認される状態については、事故との関係性や、被害者が訴える症状との関係性についても問題とされることが多く、事故によって生じたものであることや、被害者の症状の要因となっていることが説明できなければならない。

㈡　ジャクソンテスト・スパーリングテスト

　ジャクソンテストは頭部を背屈させ、医師が両手で患者の頭部を軽く下方へ押さえるもので、椎間孔を狭め、神経を圧迫することで、神経症状の誘発有無を確認するものである。

　スパーリングテストは、痛みのある側（患側）に頭を向けて圧迫を加え、神経症状の誘発有無を確認するものである（以上のテストについて、詳細を確認したい場合には、前掲書510頁以下を参照されたい）。

　いずれのテストも、患者からの訴えをベースにするため、純粋な他覚的所見が確認できるものとは言えず、他覚的所見の根拠としては補助的なものに留まってしまうことが多い。

㈢　下肢伸展挙上テスト

　これは、腰椎の異常を確認するテストであり、患者を診察台の上に仰向けに寝かせ、片方の手で足首を持ち、もう片方の手を膝蓋骨の上において、足をまっすぐにした状態で挙上させ、患者の疼痛が誘発されるかどうかを確認する検査である（前掲書556頁以下参照）。

　この検査も、患者からの訴えをベースにするため、やはり、他覚的所見の根拠としては補助的なものに留まってしまうことが多い。

㈣　徒手筋力検査

　個々の筋肉で筋力が低下しているかどうかを徒手的に評価する検査法である（前掲書120頁以下）。

　例えば、うつぶせの状態で、医師が頭部を押さえつけ、患者がそれに抵抗し、その反応を見たり、あるいは、圧迫せずに患者の反応だけを観察して、頭部の活動状況を、０（活動なし）から５（問題なし）までの６段階で判断し、頭部の筋力を判断する。

当該検査も、患者の活動を介在させるため、患者の主観が入る余地があり、純粋な客観的所見を示す検査とまでは評価されないと考えられる。

(オ) 筋電図

筋電図検査とは、針電極を用いて運動単位の状態を調べる検査である（前掲書155頁以下参照）。

具体的には、筋肉に検査用の針電極を刺し、筋肉が活動する際に発する、電気信号の状態を確認するものである。

筋電図検査結果については、患者の意思が介在しないものであるから、他覚的所見として有益なものと考えられるが、他の検査と同様に、事故との関係性や、異常状態と被害者が訴える症状との関連性が認められなければ、証拠としての価値に乏しくなってしまうため、検査結果を精査して対応することが肝要である。

(カ) 反射テスト

身体の反射を調べることで、障害の部位や病変の存在を確認することが可能である。例えば、腱を叩いて反応を見る腱反射テストや皮膚や粘膜に刺激を与え筋肉の反射的収縮を引き起こさせる表在反射テスト、皮膚表面の刺激で引き起こされる異常な手指や足趾の動きを見る検査である病的反射テストがある（前掲書133頁）。

これは、患者の意思とは関係なく生じる、不随意運動を確認するものであり、客観的所見としての価値は高いものと思われるが、証明される異常状態がどのようなものかを正確に把握した上で、事故との関連性や被害者の症状との関連性を、十分に主張していくことが肝要である。

イ　14級9号認定について

14級9号該当性については、認定の定義からして他覚的所見は認められないものの、医学的に説明可能な場合に該当性が認められることは、先に述べたとおりである。

「医学的に説明可能な場合」という概念がはっきりとしないところもあるが、基本的には、諸要素を判断し、被害者が主張する自覚症状自体が、医学的に説明可能であるか、故意の誇張でないと医学的に推定されるか、また、事故との因果関係を認め得るか、という観点から判断され

るものと思われる（『交通事故におけるむち打ち損傷問題〔第二版〕』（保険毎日新聞社、2012年）192頁、青い本27訂版347頁以下等を参照されたい）。

　そのため、諸要素を並べて、医学的に説明可能であることを立証していくこととなるが、次のような要素を用いることが考えられる。

　立証は、いわゆるあてはめの問題であり、まずは、被害者が訴える自覚症状を整理した上で、それに結びつく要素を適切にピックアップすることが肝要である。

　もっとも、個々の事案において、様々な対応が考えられるであろうから、列挙した要素はあくまで例示として、個々の事案に即した対応を検討する必要がある。

㈠　諸要素について

a　諸検査結果

　画像所見や神経学的検査等の結果に有益なものが見いだせる場合において、それが、被害者が訴える自覚症状と結びつくものであるとすれば、医学的に説明可能であることを証明する一要素になるものと思われる。

　例えば、他覚的所見として、12級13号該当性を基礎づけるものとまでは評価されない検査結果についても、14級9号該当性を基礎づける要素として用いることは、可能であると考えらえる。

b　通院治療状況

　通院状況や受診時にどのような治療行為を行ったかについては、診療報酬明細書やカルテから情報が得られるが、内容によっては、症状の重篤さ等を基礎づける要素となり得る。

c　事故状況

　依頼者からの聴取や刑事記録の検討、物損資料（保険会社作成の損害レポート、車両の損傷写真）等から、事故状況を把握することができ、後遺障害が残存する程度の状況が存在したかを裏付ける要素となり得る。

　例えば、車が大破するなどの苛烈な事故であれば、症状の重篤さを示

す要素となりえるが、車両にほとんど損傷が認められないような、もはや受傷自体疑われる程度の軽微事故であれば、否定的な要素となるであろう。

　　d　症状の一貫性

　事故と症状との因果関係を基礎づけるためには、事故から症状固定時までの症状推移を示し、症状の一貫性を示すことが必要である。

　資料としては、カルテや被害者が作成した症状推移に関する資料等により、対応することとなる。

　　e　自覚症状

　自覚症状は、後遺障害該当性において、まさに、評価対象とされるものであり、どのような症状が残存しているかについては、詳細かつ具体的な情報が必要である。

　この点、後遺障害診断書に自覚症状を記載する欄があるが、簡潔にしか記載されないケースが散見される。

　この場合、判断対象となる自覚症状がどのようなものかが、そもそもよく分からなくなってしまうこともあるから、判断充実のために、どのような自覚症状なのかが詳細に記載されるのが望ましい。

　場合によっては、後遺障害診断書の他、被害者の自覚症状に関する報告書を作成することで、自覚症状の詳細について補足することが考えられる。

　　f　医師所見について

　医師所見は、事故との関係性や一貫性等についての、専門家から見た意見であるから、医学的に説明可能であることを示す要素となり得る。

　自覚症状と同様に、後遺障害診断書に医師所見を記載する欄があるが、当該欄の記載について簡潔なものに留まってしまうことがある。

　当該欄の記載についても充実させるよう努めるべきであり、医師に後遺障害診断書以外の書面作成を依頼できるようなら、意見書等、証拠資料の作成依頼を行うのも一つの方法である。

(イ)　証拠資料について

　　a　カルテ・諸検査結果

　カルテは、事故時からの症状経過、治療実体、医師所見等が記載されており、症状実体や症状一貫性を示すのに有益であると考えられる。

　なお、諸検査結果は、基本的にはカルテに記載されている。画像資料等はカルテ取得時に合わせて入手することができる。

　また、頸椎捻挫・腰椎捻挫の症状推移や神経学的所見の推移等を記載する、ひな形の書面がある。

　当該書面を作成してもらえれば、神経学的所見を示すことが可能であるし、事故時からの推移を、継続的に記載してもらうよう努めれば、事故時からの症状一貫性等を示す上での有益な資料になる場合がある。書式については、後記33、34頁に掲載する[3]。

　　b　医師書面

　有利な医師所見を獲得すべく、医師に意見書の作成を依頼したり、質問状を送付する等して、回答を得ることが考えられる。この際、以下のようなことに留意するとよい。

・後遺障害認定基準を満たす事実を得られるような質問の仕方を心掛ける。

・選択肢を設ける等、回答欄も適宜工夫してみる。

・利用できそうな資料（事故状況資料や被害者作成の日記等）については、質問状に添付して確認を依頼してみる。

　　c　日記・報告書

　依頼者に、日記等の症状推移に関する記録や報告書のようなものを作成させ、提出することが考えられる。

　作成してもらう際には、記録内容が単調なものになりがちであるから、例えば、どのような種類の痛みなのか、それによりどのようなことが差し支えるのか、以前と比べて症状がどのような状態になったのか等、具体的な内容にするのが望ましい。

3　なお、「頸椎捻挫・腰椎捻挫の症状の推移について」という書面には、他覚的所見やＸＰ・ＣＴ・ＭＲＩなどの画像所見についても記載する欄があり、それらの事実を検出する上でも有益である。

当該資料により、被害者の自覚症状の内容を示すほか、事故時からの症状の一貫性を示すことができるが、被害者が主体的に作成することからカルテとは異なり、客観性が担保されないと評価される可能性がある。

　そのため、被害者に作成依頼をする場合には、証拠価値等を十分に説明した上で、作成を依頼するのがよい。

　　d　事故状況に関する資料

　ドライブレコーダー映像、刑事記録、車両の損害状況に関する資料等が考えられる。

ウ　等級認定獲得のために

　14級獲得を目指すようなケースの場合、他覚的所見がなく、自覚症状のみであることがほとんどと思われるが、この場合には「医学的に説明可能である」ということを説得的に基礎づけなければならない。そのため、個々の事案において、どの資料が有効かも変わってくるが、有利な事実・資料を見逃さずに用いることが重要であろう。

　その場合、どの資料がどのような事実を示すのに有益かを整理しておく。例えば事故からの症状一貫性を示したいなら、診断書やカルテ、日記等が有益であり、症状の重篤さを示したいなら、事故状況を示す資料が有益といえる。

【頸椎捻挫・腰椎捻挫の症状の推移について】

頸椎捻挫・腰椎捻挫の症状の推移について（受診者名 　　　様 　年 　月 　日生）

貴院における症状・所見等についてご教示賜りますようお願いします。

1．自覚症状の推移（貴院初診時から終診時の自覚症状の推移について下記にご記載下さい）

	初診時	終診時	初診時に症状「無」、終診時に症状「有」の場合には、下欄に出現時期をご記載下さい。	初診時（症状出現時）から終診時までの推移
頭痛	有・無	有・無	年 　月 　日頃	消失・軽減・不変・増悪
項頸部痛	有・無	有・無	年 　月 　日頃	消失・軽減・不変・増悪
背部痛	有・無	有・無	年 　月 　日頃	消失・軽減・不変・増悪
腰痛	有・無	有・無	年 　月 　日頃	消失・軽減・不変・増悪
上肢しびれ／放散痛　　右	有・無	有・無	年 　月 　日頃	消失・軽減・不変・増悪
〃　　　　　　　　　　左	有・無	有・無	年 　月 　日頃	消失・軽減・不変・増悪
下肢しびれ／放散痛　　右	有・無	有・無	年 　月 　日頃	消失・軽減・不変・増悪
〃　　　　　　　　　　左	有・無	有・無	年 　月 　日頃	消失・軽減・不変・増悪
めまい／ふらつき感	有・無	有・無	年 　月 　日頃	消失・軽減・不変・増悪
悪心／嘔気	有・無	有・無	年 　月 　日頃	消失・軽減・不変・増悪
頸椎運動制限	有・無	有・無	年 　月 　日頃	消失・軽減・不変・増悪
その他（下欄又は別紙の具体的症状欄にご記載下さい）				
	有・無	有・無	年 　月 　日頃	消失・軽減・不変・増悪
	有・無	有・無	年 　月 　日頃	消失・軽減・不変・増悪
	有・無	有・無	年 　月 　日頃	消失・軽減・不変・増悪

2．他覚的所見（所見ありの場合は別紙「神経学的所見の推移について」に経時的変化をご記載下さい）
（1）初診時（ 　年 　月 　日）　　　　　　　（2）終診時（ 　年 　月 　日）
　□ 所見なし　　　　　　　　　　　　　　　　　□ 所見なし
　□ 所見あり　　　　　　　　　　　　　　　　　□ 所見あり
　□ 未施行・不明　　　　　　　　　　　　　　　□ 未施行・不明

3．画像所見（複数回施行されている場合には下欄にご記載下さい）
（1）X－P（頸椎・腰椎）　　　　　　　　　　　（2）CT・MRI（頸椎・腰椎）
　施行日 　年 　月 　日　　　　　　　　　　　　施行日 　年 　月 　日
　□ 正常　　　　　　　　　　　　　　　　　　　□ 正常
　□ 椎間板腔狭小化（高位：　　　　　）　　　　□ 椎間板膨隆（高位：　　　　　　）
　□ 骨棘形成（高位：　　　　　　　）　　　　　□ その他（下欄にご記載下さい）
　□ その他（下欄にご記載下さい）

4．貴院終診時における症状の緩解・増悪の見込みについて先生のご見解をご教示下さい。
　　（症状消失までの見込み期間、症状が慢性化している原因等も含め）

　　　　　　　　　　　　　　　　　　　　　　　　　　　　年 　月 　日

　　　　　　　　　　医療機関名
　　　　　　　　　　診療科
　　　　　　　　　　医師名　　　　　　　　　　印

【神経学的所見の推移について①】

神経学的所見の推移について　（受診者名 ＿＿＿＿＿＿＿ 様 ＿＿＿年 ＿＿＿月 ＿＿＿日生）

貴院における症状・所見の推移について、下表にご教示賜りますようお願いします。

		年　　　月　　　日	年　　　月　　　日
具体的症状			

（膀胱直腸障害）	□ 無　　□ 有　（　　　　　　　）	□ 無　　□ 有　（　　　　　　　）

神経学的所見

腱反射（亢進 ++／正常 +／低下 ±／消失 －）

□ 正常　□ 異常（右図にご記載下さい）　□ 未施行	□ 正常　□ 異常（右図にご記載下さい）　□ 未施行

病的反射

検査名	右	左	検査名	右	左
	（＋・±・－）	（＋・±・－）		（＋・±・－）	（＋・±・－）
	（＋・±・－）	（＋・±・－）		（＋・±・－）	（＋・±・－）

筋力（MMT）（ゼロ 0／不可 1／可 2／良 3／優 4／正常 5）

□ 正常　□ 異常（以下にご記載下さい）　□ 未施行　　　□ 正常　□ 異常（以下にご記載下さい）　□ 未施行

筋の名称	右	左	筋の名称	右	左	筋の名称	右	左	筋の名称	右	左
	（　）	（　）		（　）	（　）		（　）	（　）		（　）	（　）
	（　）	（　）		（　）	（　）		（　）	（　）		（　）	（　）
	（　）	（　）		（　）	（　）		（　）	（　）		（　）	（　）
	（　）	（　）		（　）	（　）		（　）	（　）		（　）	（　）

（握力）　右（　　）kg　左（　　）kg　　　右（　　）kg　左（　　）kg

筋萎縮

□ 無　□ 有（程度・周径を以下にご記載下さい）	□ 無　□ 有（程度・周径を以下にご記載下さい）

	右	左		右	左
上腕	cm	cm	上腕	cm	cm
前腕	cm	cm	前腕	cm	cm
小手筋	（++・+・±・－）	（++・+・±・－）	小手筋	（++・+・±・－）	（++・+・±・－）
大腿	cm	cm	大腿	cm	cm
下腿	cm	cm	下腿	cm	cm

知覚障害

□ 正常　□ 異常（下図にご記載下さい）　□ 未施行　　　□ 正常　□ 異常（下図にご記載下さい）　□ 未施行

→ □ 鈍麻／　□ 過敏／　□ その他（　）　　　→ □ 鈍麻／　□ 過敏／　□ その他（　）

▦ 触覚　　▨ 痛覚

その他の所見（Jackson test／Spurling test／SLR,FNST／10秒テスト 等）

検査名	右	左	検査名	右	左	検査名	右	左	検査名	右	左
Jackson test			10秒テスト	回	回	Jackson test			10秒テスト	回	回
Spurling test						Spurling test					
SLR						SLR					
FNST						FNST					

（ご記入にあたって）
1. 各種検査において、左右ともに計測している場合には、左右双方についてご記載下さい。
2. 経時的に所見の変化が認められない場合は、「左に同じ」「変化なし」等、ご記載下さい。
3. 筋電図検査・神経伝導速度測定検査の施行がありましたら、検査結果等をご提出ください。

【神経学的所見の推移について②】

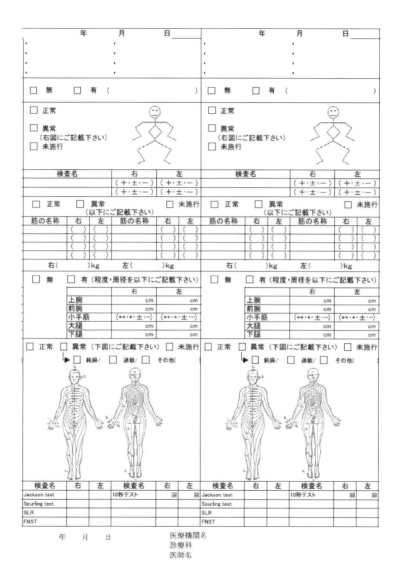

4 その他の論点

❶ 労働能力喪失期間

　いわゆる赤い本において、むち打ち症のケースにおける、労働能力喪失期間について言及した記述がある。そこでは、「むち打ち症の場合は、12級で10年程度、14級で5年程度に制限する例が多く見られるが、後遺障害の具体的症状に応じて適宜判断すべきである。」（赤い本2020年上巻99頁）とされており、実際、当該内容に基づいた判断になることが多い。

　しかし、事例によっては、これ以上の期間が認定されることもあるから、事案を分析し、主張可能性を十分に検討すべきである（場合によっては、当該期間以下となってしまう事案もあるから、その点にも留意すべきである）。

　この点、症状固定後相当期間が経過しているのに、改善の兆候がない場合については、喪失期間を限定するのは不当であるとの見解（赤い本2007年下巻80頁以下）がある。

　例えば、14級で症状固定から4年が経過してもなお改善の兆候がないにもかかわらず、14級の神経症状であるという理由だけで5年に限定するのは相当でないとの立場である。

　なお、裁判例（名古屋地裁平20・4・4交民41巻2号497頁、名古屋地裁平20・12・10交民41巻6号1601頁、横浜地裁平24・2・2交民45巻1号183頁など）でも同様の考慮から、長期に認定するものがある。

❷ 素因減額

　ヘルニア症状等、むち打ち損傷由来で周辺疾患が生じたとして、周辺疾患に依拠し、後遺障害認定がなされることがある。こうしたケースで

は、被害者の身体的素因により周辺疾患が誘発された等の認定がなされ、素因減額がなされることが多い。

　パーセンテージは、疾患の内容も考慮され変わってくるが、多い場合だと50%以上の減額がなされることもある。

　そのため、むち打ち損傷に留まらず、周辺疾患まで問題となるようなケースでは、素因減額主張がなされる可能性を考慮すべきである。

5 　対応の勘所

❶ 被害者との接し方

　むち打ち損傷では、他覚的所見がなく、被害者の自覚症状しか認められないケースも多く、その場合被害者は、自らの症状が他人に理解されない苦しみや不安を抱えることが往々にしてある。

　そのため、被害者と接するにあたっては、被害者の苦境に理解を示すとともに、被害者に寄り添い少しでも不安を解消するよう努めるべきである。

　本件の相談事例でいえば、相手方保険会社から治療費の支払いを打ち切られることとなったとの話をY女が打ち明けるが、治療費の打ち切りや症状固定概念の説明に入る前に、一言でいいので、被害者の気持ちに寄り添う言葉をかけるとよい。自分に非がない事故で、まだ体の調子が悪いのに、加害者から治療費の保証を断られるという非常識な事態なのであるから、本書のように、「ひどいですね」と簡単な言葉をかける形でもいいから、被害者の心情に配慮することが、被害者との信頼関係構築にとって重要である。

❷ 相談を受けるタイミングに応じたアドバイス

　相談を受けるタイミングとしては、事故直後に相談を受けるケース、加害者側任意保険会社から一括払対応を終了された（あるいは通告を受けた）タイミングで相談を受けるケース、後遺障害認定手続に進む場面で相談を受けるケース、後遺障害等級非該当となり異議申立を検討するため相談を受けるケース等が考えられる。

　以下、対応のポイントを簡単に述べておく。

ア　事故直後に相談を受けるケース

　このタイミングでアドバイスすべき点としては、加害者側任意保険会社を交え、今後、交通事故処理がどのように進んでいくのかについてがメインであり、その際に加害者側任意保険会社による一括対応終了や症状固定概念等のリスク面についても、アドバイスしておくこととなる。

　なお、事故直後の相談の段階で、後遺障害獲得を目標とした話をすることも有り得るが、被害者属性によっては、今後の流れ次第で後遺障害が残りかねないということに、多大な不安を覚えることも考えられ、そのような話をするかどうかを含め、慎重に対応する必要がある。

イ　一括払対応終了タイミング

　「2　法律相談後の対応」で述べたことと重複するが、ポイントとしては、一括払対応制度について丁寧に説明し理解を得ることと、その後の選択肢を適切に示し、最良の選択肢がとれるように努めるべきである。

ウ　後遺障害認定手続・異議申立手続に進む場面

　当該手続を進める際には、どうしても、手間と時間がかかってしまうことがあり、解決が遅れる原因となってしまう。

　そのため、認定可能性がどの程度なのかも含め、今後の手続の流れや負担も適切に説明しつつ、後遺障害等級が認定された場合のメリットや賠償金額目安等も説明し、あらゆる要素を考慮して被害者が納得した上で、手続に進むことを選択できるようにすべきである。

　本件の相談事例で言えば、甲弁護士は、Ｙ女から後遺障害認定可能性を聞かれ、可能性について回答した後、即、後遺障害認定手続に進む方向で話をしているが、例えばＹ女が他のニーズを話してきた場合には、他の選択肢を示すことも考えられる。事故のことを長くは引きずりたくない等と時間的なニーズを言ってきた場合には、後遺障害認定可能性がどの程度存在するのかという等級獲得の見込みのほか、今後のスケジュール感や、後遺障害等級該当性が認められた場合や認められなかった場合のそれぞれの見込み賠償額を説明する等しつつ、Ｙ女が希望すれば、後遺障害認定手続に進まずに解決することも方針としてあり得るであろう。

関節の可動域制限

曲げづらい左膝

1 甲弁護士が受けた法律相談

　甲弁護士は、以前の依頼者であるＹ女から交通事故の相談を受けた。相談の概要は以下のとおりである。

　Ｙ女はツーリングが趣味であった。５月の大型連休中、お気に入りのオートバイで渓谷巡りを楽しんだ帰りに交通事故に遭った。午後８時過ぎ、自宅まで後10分程の場所にある交差点内を直進したところ、対面を進行し右折しようとした大型トラックに巻き込まれた。Ｙ女はバイクもろとも弾き飛ばされ、路面に頭と左足を強く打ち、すぐに救急外来に搬送された。

　救急搬送先の医師からは、左膝内側外側半月板損傷、左変形性膝関節症、左前額部・頭部挫創、一過性意識消失発作の診断を受け、同病院にて手術を受けた。その後、Ｙ女は治療とリハビリ目的で３か月間入院した。松葉杖をついて歩く状態で退院した後は、左膝のリハビリのために、毎月１日の頻度で整形外科に通院し、退院日からさらに３か月が経過した。なお、左前額部の傷についても、毎月１日の頻度で形成外科にて治療を続けていた。

　そんな折、相手方の保険会社担当者から、そろそろ示談の話がしたいとの連絡があり、過失割合について20対80の提示を受けた。Ｙ女としては、提示された過失割合に納得がいかないのもさることながら、現在もリハビリ治療を続けている中で、今示談に応じる必要があるのか分からなかった。そこで、１年前に相続に関する事件処理を依頼していた、知り合いの甲弁護士に相談することにした。

甲弁護士：Ｙ女さん、お久しぶりです。
Ｙ女：先生、相続の件では大変お世話になりました。おかげさまで無事

解決に至り大変感謝しております。またすぐに先生にご相談させていただくことになるとは思いませんでしたが、今回もどうぞよろしくお願いします。

甲弁護士：こちらこそよろしくお願いします。現在お身体の具合はいかがですか。また、頭を強く打ったとのことですが、脳に異常はありませんか。

Y女：事故時に記憶が飛びましたが、救急搬送先で頭部CTを撮影した結果、異常所見はありませんでした。また、事故から既に7か月が経っていますが、物忘れもありません。

　　しかし左膝については、まだまだ痛い状態が続いていますし、右膝に比べて曲げることができない状態です。また、左の額に引っかかれたような線状の傷が残ってしまっています。私の仕事はオフィスの受付対応なので、他人の目が気になってしまい、これはかなりストレスになっています。

甲弁護士：脳に異常がなかったのは幸いですが、左膝とお顔の傷についてはまだ治療が必要そうですね。

Y女：はい。私もそう思うのですが、先日相手方の保険会社担当者から連絡がきて、示談にして欲しいと。また過失割合は20対80でお願いしますとのことでした。先生、すぐに示談しないといけないものなのでしょうか。

甲弁護士：そんなことはありません。Y女さんの場合には、後遺症が残る可能性もありますから、症状固定時期を迎えたら後遺障害の等級認定を申請することが必要になると思います。後遺障害の等級の有無・程度によって、後遺障害慰謝料や逸失利益といった損害額も変わってきますから、今すぐに示談する必要はありません。なお、症状固定時期は、基本的には主治医の先生が判断しますので、主治医の先生に相談してみてください。

　　過失割合についても、過去の判例を参考に実務上類型化されています。よく調べる必要がありますが、Y女さんの事故ですと、基本的には15対85の割合で類型化されていますから、保険会社の提示は

Y女さんに不利なように思います。この点についても実況見分調書等からきちんと事故の状況を確認した上で、相手方の保険会社と交渉することが必要であると思います。

Y女：分かりました。次の診察日は来月の10日になっていますので、症状固定の時期については、主治医の先生に聞いてみるようにします。過失割合の調査・交渉についてはお願いしたいと思います。

甲弁護士：承知しました。なお、症状固定と判断されたら、主治医の先生には、後遺障害診断書に現在の症状を記載していただくようお願いします。

　Y女さんの場合には、大きく、左膝関節の可動域制限、左膝の痛み、左額の線上痕で、それぞれ後遺障害等級が認定される可能性があります。それぞれの症状を記載していただくにあたってポイントがありますが、まだ症状固定と判断されたわけではないので、主治医の先生からそのようなお話がありましたら、再度お打合せをしましょうか。その時にお話しするようにいたします。

Y女：わかりました。大変心強いです。その他に、現時点で私がしておくべきことはありますか。

甲弁護士：額の傷について、なるべく定期的に写真に残しておいていただいたほうがよろしいかと思います。どのような経過を辿ったかの証拠になります。形成外科で撮影されることもあるかとは思いますが……。

Y女：承知しました。撮っておくようにします。それでは、今後もどうぞよろしくお願いします。

甲弁護士：よろしくお願いします。

2 関節の可動域制限とは

❶ 関節の可動域制限の特徴

　Y女は、交通事故により、左膝内側外側半月板損傷、左変形性膝関節症の診断を受け、左膝については、現在も「右膝と比べて曲げることが出来ない状態である」と述べている。これは、左膝関節が曲がりにくい、という後遺障害が残った可能性があり、いわゆる関節の可動域制限が生じているものと考えられる。

　関節の可動域制限は、原則として、障害を残す患側の関節の可動域と、障害を残さない健側の関節の可動域の数値を比較することによって、どの程度の後遺障害が残ったのかを評価する。関節の可動域は、他動運動と自動運動（49頁参照）で測定できるが、原則として他動運動での可動域制限の測定値にて判断される。

　負傷した側の可動域が健側の可動域角度の1／2以下に制限されている場合には後遺障害等級10級、3／4以下に制限されている場合には後遺障害等級12級に該当する。Y女の場合、膝関節の可動域制限が生じているが、後遺障害等級認定上、その他、上肢の関節として、肩関節、肘関節、手関節について、下肢の関節として、膝関節の他に、股関節、足関節について、それぞれ可動域制限が生じ得る。これらの場合も、同様に、原則として、負傷した側の可動域が健側の可動域角度の1／2以下に制限されている場合には後遺障害等級10級、3／4以下に制限されている場合には後遺障害等級12級に該当する。

　もっとも、関節の可動域制限があったとしても、それだけで直ちに後遺障害として認められるわけではないことには注意が必要である。すなわち、後遺障害診断書に高度の可動域制限の記載があったとしてもそれだけでは不十分であり、ＸＰ画像等から、骨折部の癒合不良や関節面の

不整といった、関節の可動域制限が生じている医学的原因を明らかにして、これらの原因に基づき後遺障害診断書に記載されている可動域制限が生じていることを裏付けなければならない。

■上肢の関節における可動域制限の後遺障害等級

等級	後遺障害	可動域制限の程度
10級10号	1上肢の3大関節（肩関節、肘関節及び手関節）中の1関節の機能に著しい障害を残すもの	関節の可動域が健側の可動域角度の1／2以下に制限されているもの
12級6号	1上肢の3大関節（肩関節、肘関節及び手関節）中の1関節の機能に障害を残すもの	関節の可動域が健側の可動域角度の3／4以下に制限されているもの

■下肢の関節における可動域制限の後遺障害等級

等級	後遺障害	可動域制限の程度
10級11号	1下肢の3大関節（股関節、膝関節及び足関節）中の1関節の機能に著しい障害を残すもの	関節の可動域が健側の可動域角度の1／2以下に制限されているもの
12級7号	1下肢の3大関節（股関節、膝関節及び足関節）中の1関節の機能に障害を残すもの	関節の可動域が健側の可動域角度の3／4以下に制限されているもの

❷ 可動域の測定基準

　可動域の測定については、日本整形外科学会及び日本リハビリテーション医学会により決定された「関節可動域表示ならびに測定法」に準拠して定められた「関節の機能障害の評価方法及び関節可動域の測定要領」の記載事項に従って、適切な測定がなされる必要がある。可動域制限の後遺障害等級が正しく認定されるためには、正しい測定がなされることが必要不可欠である。以下に、測定基準を理解する上で押さえておきたい基礎的な知識を述べる。

❸ 主要運動と参考運動

　各関節の運動は、主要運動と参考運動とに分けられる。主要運動とは、各関節における日常の動作にとって最も重要なものをいう。例えば、膝関節であれば、屈曲・伸展が主要運動である（以下、(1)～(4)の図は『労災補償 障害認定必携〔第17版〕』（労災サポートセンター、2020年）を基に作成）。

(1)屈曲・伸展

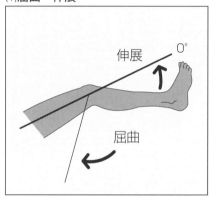

　一方、参考運動とは、主要運動（日常の動作にとって最も重要なもの）ではない運動のことを指す。例えば、肩関節において、屈曲、外転・内転は主要運動であるが、伸展、外旋・内旋は参考運動である。

(2)屈曲・伸展

⑶外転・内転

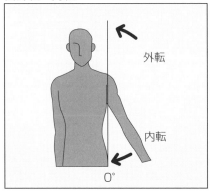

外転

内転

0°

⑷外旋・内旋

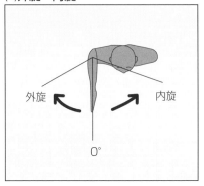

外旋

内旋

0°

手指・足指を除く、上肢及び下肢の主要運動と参考運動の区別は、以下のとおりである。

■上肢及び下肢の主要運動と参考運動

部位	主要運動	参考運動
肩関節	屈曲、外転・内転	伸展、外旋・内旋
肘関節	屈曲・伸展	
手関節	屈曲・伸展	橈屈、尺屈
前腕	回内・回外	
股関節	屈曲・伸展、外旋・内旋	外転・内転
膝関節	屈曲・伸展	
足関節	屈曲・伸展	

可動域制限は、原則として主要運動の可動域制限の程度によって評価される。ただし、一定の場合には、主要運動及び参考運動の双方の可動域制限の程度によって評価されることもある。例えば、参考運動を評価の対象とする場合として、上肢及び下肢の３大関節については、主要運動の可動域が１／２又は３／４をわずかに上回る場合に、当該関節の参考運動が１／２以下又は３／４以下に制限されているときは、関節の著しい機能障害又は機能障害となる。なお、この場合において「わずかに」とは原則として５度とされている。

このように、主要運動の可動域制限がどの程度生じているのかをきちんと測定することが重要ではあるが、参考運動がある場合には、等級認定に影響することもあり得るので、参考運動についても測定に漏れがないよう注意したい。

❹ 他動運動と自動運動

関節の可動域の測定方法として、他動運動と自動運動がある。他動運動とは、例えば医師などの他人の力で動かした場合、自動運動とは、自分の力で動かした場合である。可動域は原則として他動運動による測定

値で判断する。もっとも、他動運動による測定値を用いることが適切でない場合には、自動運動による測定値を参考として認定が行われる。例えば、末梢神経損傷を原因として関節を可動させる筋が弛緩性の麻痺となり、他動では関節が可動するが自動では可動できない場合、関節を可動させると我慢できない程度の痛みが生じるために自動では可動できないと医学的に判断される場合等が挙げられる。また、関節が1方向には自動出来るが逆方向には自動出来ない場合の可動域については、基本肢位から自動出来ない場合は0度とされる。

❺ 参考可動域

　関節の可動域制限は、原則として、障害を残す患側の関節の可動域と、障害を残さない健側の関節の可動域の数値を比較することによって評価する。もっとも例外として、例えば健側となるべき関節にも障害を残す場合等には、比較すべき健側の関節が存在しないことになるから、測定要領に定める参考可動域角度との比較によって、可動域制限の程度を評価することになる。

3 　等級認定

❶ Y女の後遺障害

　甲弁護士も指摘するように、Y女の場合、左膝関節の可動域制限、左膝の痛み、左額の線上痕で、それぞれ後遺障害の等級認定を獲得できる可能性がある。損害賠償請求の示談交渉や訴訟をY女に有利に進めるためには、治療の経過に鑑み、示談交渉の前にまずは適切な後遺障害の等級認定が得られることが望ましい。

　一方で、仮に後遺障害認定手続や異議申立手続において適切であると考える後遺障害の等級認定が得られなかった場合でも、特に訴訟においては、具体的な症状や治療経過に鑑み、自賠責保険よりも高い等級や喪失率が認定されることもあり得る（後述の「4　想定される争点とその対策❸逸失利益」参照）。甲弁護士が損害賠償請求をするにあたっては、必ずしも等級認定の結果にとらわれることなく、Y女の実際の症状や治療に鑑みて主張を構成する必要がある。

❷ 左膝関節の可動域制限

　左膝関節の可動域制限については、後遺障害診断書上、その可動域が健側の可動域角度の１／２以下に制限されている場合には、「１下肢の３大関節中の１関節の著しい機能障害」として別表第二第10級11号に、３／４以下に制限されている場合には、「１下肢の３大関節中の１関節の機能障害」として別表第二第12級７号に該当する可能性がある。

　可動域制限については、前述のとおり、測定要領の記載事項に従って正しく測定された数値が後遺障害診断書に記載されなければならない。また、後遺障害等級に該当する測定値であったとしても、それだけで直ちに後遺障害として認められるわけではなく、可動域制限が生じている

医学的な原因についても明らかにする必要がある。主治医の了承が得られた場合には、甲弁護士もＹ女の診察に同席し、例えばどの画像から骨折部の癒合不良や関節面の不整といった、関節の可動域制限が生じている原因が分かるのかについての説明を受け、これらの事柄についても可能な限り診断書や報告書に記載してもらう等の対応も考えられる。

❸ 左膝の痛み

　左膝の痛みについては、左膝関節の画像上、左膝内側・外側半月板損傷が認められ、他覚的に神経系統の障害が証明されるものと捉えられる場合には、「局部に頑固な神経症状を残すもの」として別表第二第12級13号に該当する可能性がある。一方、他覚的に神経系統の障害が証明されるものと捉えられないが、他覚的所見、症状経過、治療経過等を勘案して、将来においても回復が困難と見込まれる障害と捉えられる場合には、「局部に神経症状を残すもの」として別表第二第14級９号に該当する可能性がある。

　左膝内側外側半月板損傷、左変形性膝関節症と診断されている本件においては、画像等による他覚的所見に基づいて痛みが生じていると判断される可能性があるが、自覚症状についても、痛みの箇所・程度、痛みにより日常生活でどのような弊害が生じているか等、後遺障害診断書に具体的に記載してもらうことが望ましい。後遺障害診断書に自覚症状は簡潔にしか記載されないケースも多いため、そのような場合には、Ｙ女が現在感じている自覚症状や、日常生活で具体的にどのような苦労や苦痛を感じているのかを記載した報告書を作成し、証拠資料として補充することを検討したい。甲弁護士としては、Ｙ女に報告書を作成してもらう際には、記載すべき項目やポイントを提案するなど、報告書が具体的かつ適切な内容になるようにアドバイスすべきである。

❹ 左額の線上痕

　左額の線上痕については、人目につく程度以上のものと認められ、長さ５cmセンチ以上と捉えられる場合には、「外貌に相当程度の醜状を残

すもの」として別表第二第９級16号に該当する可能性がある。一方、長さ３cm以上の線状痕と捉えられる場合には「外貌に醜状を残すもの」として別表第二第12級14号に該当する可能性がある。

このように線上痕は、その長さ及び程度で後遺障害等級が決まる。また、醜状痕の残存について事故との因果関係が争われるケースも散見される。したがって、等級認定にあたっては、症状固定時においてその長さ及び程度が明らかであり、その線状痕が交通事故での負傷により残存していることを明らかにしなければならない。

そこで、甲弁護士も指摘するとおり、症状固定時前の期間も含めて、醜状痕がどのように変化し残存しているのか、その経緯を定期的に写真撮影しておくことが有効である。その際には、線上痕の大きさが分かるように、定規をあてるなどして、傷の長さや幅が分かるように撮影したい。また、形成外科等において傷を写真撮影することもあるので、症状固定前にこれらの通院歴がある場合には、撮影された写真を事故と醜状痕との因果関係を立証する証拠として活用したい。

4 想定される争点とその対策

❶ 可動域制限の数値自体について

　特に訴訟においては、関節の可動域制限について、診断書に記載された可動域の数値自体が適切なものであるかどうかについて争われることがある。そのような場合には、主治医に対して、診断書記載時に測定要領の記載事項に従った測定を行ったこと、症状固定時に可動域制限が生じている医学的根拠が存在すること、可動域の数値は事故態様及び治療経過から鑑みて適切であるといった事項を記載した報告書や陳述書を差し入れてもらう等の協力を求めることが有効である。

❷ 可動域制限が生じている原因について

　後遺障害の等級認定と同様に、訴訟においても、ＸＰ画像等の証拠によって、骨折部の癒合不良や関節面の不整といった、その可動域制限が生じている医学的原因が存在することを立証する必要がある。もっとも、実際に可動域制限は生じているものの、その根拠となる明確な器質的損傷がなく、例えば等級認定において非該当となったような場合であっても、訴訟においては治療経過等に鑑み、神経症状等とともに後遺障害であると認定されるケースもあるから、等級認定の結果に関わらず、治療経過を丁寧に主張立証したい。

❸ 逸失利益について

　本件では、逸失利益の算定にあたって、今後治癒する可能性等を根拠に、労働能力喪失期間が争われる可能性もある。しかしながら、関節の可動域制限が生じ、特に自賠責保険により既に可動域制限の等級認定がなされている場合には、年数が経過することにより治癒の可能性が高ま

るとは一般的には言えないことから、労働能力喪失期間が５年間や10年間に制限される理由は乏しく、被害者側としては、原則どおり就労可能期間までの労働能力喪失期間を主張するべきである。

　また、上肢や下肢の関節に可動域制限が生じている場合には、日常生活に支障を来し、就労に与える影響も通常大きいと考えられるため、訴訟においても自賠責保険の労働能力喪失率と同等の喪失率が認定されるのが一般的である。さらにそれ以上の減収が見込まれる具体的な事情（例えば可動域制限著しく業務に支障を生じる職業に就いている等）がある場合には、自賠責保険の労働能力喪失率以上の喪失率を積極的に主張立証する必要がある。

　なお、訴訟においては、以下の裁判例のように、被害者の職業、年齢、後遺障害の部位、程度、事故前と事故後の稼働状況等を総合的に判断し、自賠責保険の等級認定の結果よりも高い等級や喪失率が認定されることもあり得る。被害者請求等の結果、望んでいた等級認定の結果が得られなかった場合でも、現在の被害者の症状に鑑み、治療経過や日常生活状況等を丁寧に立証していきたい。

上肢及び下肢の関節機能障害について、自賠責保険より高い等級や喪失率が認定された事例

　・被害者（女性・症状固定時67歳・自賠責保険は骨盤骨変形12級５号）の左膝関節機能障害（自賠責非該当）につき、可動域は基準に達していないが、日常生活において極めて困難を来している面があるとして12級７号を認め、併合11級とし、９年間20％の労働能力喪失を認めた事例（神戸地判平12・９・14交民33巻５号1515頁）

　・派遣ミキサー車運転手兼鉄道保全軌道工（男性・症状固定時37歳）の右手月状骨骨折等による右手関節痛を含む右手関節の可動域制限（自賠責12級６号）につき、症状固定時点で健側の52％とほぼ２分の１に制限されていること、当初から障害の増悪が見込まれており実際に１年後には健側の32％に増悪していることからすると10級10号に相当するとし

て、30年間27％の労働能力喪失を認めた事例（大阪地判平20・3・14交民41巻2号340頁）

・自営業・家事従事者（女性・症状固定時52歳）の左肩痛と左肩可動域制限（自賠責非該当）につき、左肩関節の可動域が2分の1以下に制限されていること等から、15年間27％（自賠責保険の後遺障害別等級表・労働能力喪失率）の労働能力喪失を認めた事例（名古屋地判平20・3・21交民41巻2号430頁）

❹ 過失相殺について

その他本件では過失割合も争点となる可能性がある。甲弁護士も指摘するとおり、実況見分調書等からきちんと事故の状況を確認した上で、別冊判例タイムズ38号（民事交通訴訟における過失相殺率の認定基準全訂5版）や類似判例を参照した上で、適切な過失割合を主張したい。

5 対応の勘所

❶ 事故直後に相談を受けた場合の留意点

　初診が遅れた、治療期間が空いた等の事情がある場合には、相手方から各症状と交通事故との因果関係自体を争われるケースも散見される。仮に訴訟等で因果関係自体が否定されれば、後遺障害等級が得られたような場合と比較して賠償額に大きな開きが出る。

　事故直後に相談を受けた場合には、このようなリスクがあることを必ず依頼者に説明する必要がある。そして、このようなリスクを回避するために、定期的に通院を継続する必要性や、初診時の症状を経過診断書に記載してもらう等、症状が生じていることを証拠化しておく重要性についてもあわせて説明したい。また、醜状痕については、定期的に写真撮影をしておくことについても忘れずにアドバイスしたい。

❷ 症状固定時期に相談を受けた場合の留意点

　関節の可動域制限は、測定された数値によって、等級が10級、12級、非該当にもなりうる。また、前述のとおり、可動域制限の等級認定が得られている場合には、労働能力喪失期間が制限されないことも多い。したがって、関節の可動域制限の等級認定がなされているか否かは、その後の賠償金額に大きく影響することになる。

　そこで、関節の可動域制限について後遺障害等級申請前に相談を受けた場合、可動域制限が生じている医学的な原因について主治医がどのように判断しているかを理解した上で、その客観的証拠としてどのような資料が存在するのかをまず把握することが重要である。その上で、症状固定時において作成される後遺障害診断書に測定要領に従った正しい測定に基づく数値が記載されていること、被害者が訴える自覚症状につい

ても漏れなく記載されていることを弁護士が確認する必要がある。なお、後遺障害診断書については作成後に弁護士が確認することが一般的であるが、確認後不足や補充があると判断する場合には、追記をお願いすることもあり得る。

　依頼者が主治医に上手く追記事項を説明できない等の事情がある場合には、主治医の了承を得た上で、弁護士も依頼者の診察に同席し、主治医に協力を求めるといった対応も考えられる。また、後遺障害診断書に記載されている自覚症状をより詳細に伝えるために、依頼者自身がどのような自覚症状を感じており、それが日常生活のどのような場面で特に苦労や苦痛を強いられているか等を詳細に記載した日常生活状況報告書についても準備して、後遺障害認定手続の際の資料として提出したい。

　症状固定時期を迎えても、未だ通院が必要な状態にあり、またこのタイミングで保険会社から治療費の支払を打ち切られたことにより不安を感じている依頼者も多い。受任する弁護士においては、依頼者の負担と不安を減らすためにも、今後の手続の概要、等級認定を獲得するポイントについて説明を尽くすとともに、前述の診察への同席や、十分にヒアリングした上で日常生活状況報告書の具体的なひな形を示す等、積極的に依頼者をサポートすることが望まれる。

骨癒合後の疼痛症

1年以上通院してもなくならない痛み

　甲弁護士は、知り合いの紹介でY男から交通事故の相談を受けた。

　事故の内容は、Y男がバイクで走行中、右側を並走していたトラックが急に進路変更をしてきたため、とっさに左に避けようとしたが避けきれずに接触して転倒してしまい、左足を骨折してしまったとのことであった。当初、入院を余儀なくされ、その後1年以上通院していたが、最終的に痛みが完全に無くなることはなかったため、後遺障害に関する損害賠償請求などについて相談がしたいとの連絡があった。

甲弁護士：こんにちは。このたびは大変な事故に遭われましたね。お体の具合はいかがですか。

Y男：強い痛みが取れず、セカンドオピニオンのために違う病院にも行ってみましたが、良くなりません。

　痛む左足を庇うためなのか、歩きづらく右足にも負担がかかっているようです。

甲弁護士：診断書をご持参いただいていますね。拝見してよろしいでしょうか。

　左足大腿骨遠位開放骨折ですね。

　通院期間がかなり長かったようですが、手術された後もなかなか骨癒合を得られなかったのですか。

Y男：はい、事故後に運ばれた病院で手術をして、その際に固定していたのですがなかなか骨がくっつかなかったようで、二度目の手術をすることになってしまいました。

甲弁護士：結果として、今は装具なしで、ご自身で歩ける状況まで回復されたのですね。

それで、現在の痛みはどの程度でしょうか。

Ｙ男　痛みはまだかなり強いです。ですが、医師からはこれ以上の回復は望めないと言われています。

甲弁護士：わかりました。それでは、後遺障害診断書を主治医の先生に書いて貰って、後遺障害診断に進みましょう。

Ｙ男：後遺障害……ですね。痛みもそうですが、歩きづらさを感じており、しかもなかなかしゃがむことが難しいです。

甲弁護士：もしかすると、今回の骨折が原因で、左足が短縮してしまっている可能性もありますので、後遺障害診断書を作成して貰うときの診察時には、必ず計測をお願いしてください。また、自覚症状はすべて主治医に伝えていただく必要があります。

Ｙ男：はい、わかりました。骨折した場合で、後遺障害が認められるのはどういった場合なのでしょうか。

甲弁護士：まず、一番わかりやすいのが、骨癒合が不良の場合、つまり、うまく骨がくっつかなかった場合です。

　偽関節や仮関節などといいますが、骨癒合が不良で、骨折した部分が関節のように異常可動するようになってしまった場合には、当然ですが後遺障害とされています。

　また、骨癒合はしたけれども、変形して癒合したり、誤った位置で癒合したりした場合も、後遺障害とされます。

　そのほか、骨折した下肢の長さが短縮する短縮障害や、関節が拘縮してしまって、可動域が制限されるケースなどが、骨折後の後遺障害として見受けられます。

Ｙ男：なるほど、それで、足の長さを計測してもらう必要があるのですね。

甲弁護士：その通りです。歩きづらさの原因が、骨折の変形癒合にあるのか、下肢の短縮障害にあるのか、あるいは、単純に感覚的な問題なのか分かりませんが、損害保険料率算出機構の後遺障害診断が原則、書面等の資料に基づく審査である以上、後遺障害に該当する可能性がある自覚症状にまつわる検査結果は、後遺障害診断書に落とし込んで

おく必要があります。

　医師は治療のプロフェッショナルですが、皆さんが後遺障害診断書作成のプロフェッショナルというわけではないので、後遺障害診断書作成時には、こちらから働きかけをすることも重要です。

Ｙ男：そうなのですね、わかりました。

　それでは、後遺障害診断書を作成して貰うために、近いところで病院の予約を入れたいと思います。

甲弁護士：はい、それでは、後遺障害診断書ができましたら、またこちらで確認させていただき、必要に応じて加筆修正をお願いした上で、後遺障害診断の手続を進めて参りましょう。

Ｙ男：はい、よろしくお願いいたします。

2 法律相談後の対応

❶ 下肢の障害

ア　下肢の障害の種類

　下肢の障害については、「下肢」の障害と「足指」の障害に区分されている。今回取り上げる下肢の障害には、「欠損障害又は機能障害」、「変形障害」、「短縮障害」、「醜状障害」が定められている。

イ　機能障害

　「機能障害」については、日本整形外科学会および日本リハビリテーション医学会により決定された「関節可動域ならびに測定法」に基づき測定された関節可動域により認定がなされる。機能障害における関節可動域の評価は、原則として健側と患側（障害のない側を健側（けんそく）、障害のある側を患側（かんそく）と呼ぶ）を比較して行うため、必ず健側と患側の双方の関節可動域を測定して、結果を記載してもらう必要がある。

　また、自動値と他動値の関節可動域を測定して、結果を記載してもらう。

　なお、関節の安定性機能が失われて、関節可動性が正常よりも大きくあるいは異常な方向に運動するようになった動揺関節については、触診や運動診、健側と患側のストレスX－P等の画像所見、関節鏡検査、筋萎縮、じん帯の検査、運動機能と神経学的検査などを記載してもらうようにする[1]。

---

[1] 機能障害の場合、受傷部位への必要な治療と、機能回復のための必要な期間経過を経て等級評価が行われる。以下の2パターンがある。
①骨折部にキュンチャー（髄内釘）等を装着し、あるいは金属釘を用いたため、それが機能障害の原因となる場合は、キュンチャー等の除去を待って等級認定を行う。なお、当該キュンチャー等が機能障害の原因とならない場合は、創面治ゆをもって等級の認定を行う。
②廃用性の機能障害（例：ギプス固定によって治ゆ後に関節に機能障害があるもの）については、将来における障害の程度の軽減を考慮して等級認定を行う。

ウ　変形障害

　変形障害とは、大腿骨または下腿骨に「偽関節を残すもの」、「長管骨に変形を残すもの」について、その程度に応じて等級認定がなされる。

■下肢の障害

	欠損又は機能障害	変形障害	短縮障害	醜状障害
1級	(5)両下肢をひざ関節以上で失ったもの (6)両下肢の用を全廃したもの			
2級	(4)両下肢を足関節以上で失ったもの			
3級	(5)1下肢をひざ関節以上で失ったもの (7)両足をリスフラン関節以上で失ったもの			
4級	(5)1下肢を足関節以上で失ったもの (7)1下肢の用を全廃したもの			
7級	(8)1足をリスフラン関節以上で失ったもの	(10)1下肢に偽関節を残し、著しい運動障害を残すもの		
8級	(7)1下肢の3大関節の用を廃したもの	(9)1下肢に偽関節を残すもの	(5)1下肢を5cm以上短縮したもの	
10級	(11)1下肢の3大関節中の1関節の機能に著しい障害を残すもの		(8)1下肢を3cm以上短縮したもの	
12級	(7)1下肢の3大関節中の1関節の機能に障害を残すもの	(8)長管骨に変形を残すもの		
13級			(8)1下肢を1cm以上短縮したもの	
14級				(5)下肢の露出面にてのひらの大きさの醜いあとを残すもの

エ　短縮障害

　短縮障害については、上前腸骨棘と下腿内果下端の長さを測定し、健

側と患側を比較して短縮した長さに応じて等級認定がなされる。

オ　醜状障害

　醜状障害については、大腿や下腿に本人の手のひら大を超える大きさ
の瘢痕や手術痕を残した場合に等級認定の対象となる。

❷ 骨折骨癒合後の疼痛

　骨折の場合には、骨癒合後も疼痛が残存することが少なくなく、この
場合には神経症状に対する等級と併わせて検討する必要がある。

　骨折又は当該骨折に対処するための必要な医学的措置により末梢神経
が直接的に損傷を受けて骨折部位あるいはその周辺に疼痛を残す場合が
ある。次のような例がある。

　二輪車の事故で比較的よく見られる傷病として、下肢の開放骨折があ
り、骨癒合が得られている場合でも、重い疼痛を残すことがある。

　重症の開放骨折の場合には、通常、軟部組織の腫脹が激しく、かつ容
積がある内固定具を挿入するので皮膚が閉鎖できない。そのような場合
に、減張切開（皮膚と皮下組織を切開して、骨の上は軟部組織と皮膚で覆
えるようにする代わりに、他の部分は皮下組織をむき出しにしたまま皮
膚で覆わないようにする手技）が行われる。これは、医学的に必要な措
置であるが、皮膚及び筋膜を広範囲に切開すれば皮膚の直下に存在する
皮下神経を損傷する可能性が高く、これが疼痛を引き起こすことがある。

　また、外傷治療の必要上行った固定具使用を原因として機能障害等が
残存する可能性もある。

　このように、骨折又は当該骨折に対処するための必要な医学的措置に
より疼痛や機能障害等を残した場合には、障害認定される可能性が高い。

　以下は、認定される可能性のある等級である。

■疼痛や機能障害に関する後遺障害等級

等級	後遺障害
12級13号	局部に頑固な神経症状を残すもの
14級9号	局部に神経症状を残すもの

12級は障害の存在が医学的ないし他覚的に証明できるものであり、14級は障害の存在が医学的に説明可能なものという考え方が採用されている。

医学的ないし他覚的に証明できる状態とは、症状の原因が何であるかを画像等の他覚的所見に基づいて判断できる状態を指すと考えられる。

骨折後の疼痛についても、その原因が何であるかを、画像やカルテに照らして特定できるのかどうかが、14級と12級を分けるポイントといえよう。

❸ 事案解決のポイント

ア　相談内容から考えられる障害

まず、下肢の障害の種類を弁護士が把握しておき、法律相談で得られた生の声から、「欠損障害又は機能障害」、「変形障害」、「短縮障害」、「醜状障害」のいずれかに該当する可能性があるかどうかを検討する必要がある。

前記の法律相談例では、相談者は「歩きづらさを感じており、しかもなかなかしゃがむことが難しい」と述べている。

このことから、下肢の「機能障害」、「変形障害」や「短縮障害」を疑い、これらの認定に必要となる検査を受けることを勧めることが望ましい。

また、相談者は「痛みはまだかなり強いです」とも述べている。この骨折後の疼痛に関して、12級13号の獲得を狙うため、すなわち、医学的に疼痛の原因を証明し、骨癒合の状況を確認するために画像（レントゲンやＭＲＩ等）を取り寄せる必要がある。

14級9号の認定に留まる場合には、症状の重症度に応じて、カルテを取り付けるなどして、疼痛の原因が特定できないか医学的意見を求める作業を検討してもよいだろう。

イ　裁判例

裁判例から、下肢骨折後の疼痛についての判断傾向を見ていくこととしたい。

【固定具の使用により既往症が再発した例】

　事故による両膝打撲に対する固定具の使用により、歩行時に股関節を異常に運動させたことから、被害者の既往症（弾発股）が再発したものであって、本件事故と相当因果関係を有する。

　股関節の機能障害は両手で常時後から体を支えなければ腰をかけることもできないほどであることからすると、少なくとも9級に該当する（ただし素因減殺額20％）とした（神戸地判平12.7.6交民33巻4号1155頁）。

コメント

　事故による直接的な影響でなくとも、事故に基づいて必要となった医学的措置に起因して既往症が再発した事例において、後遺障害を認定したものである。

　骨折の場合、手術や固定具の装着等の医学的措置が必要不可欠となることが珍しくなく、そのことに起因して疼痛や機能障害が残存することもまた珍しくない。

　疼痛や機能障害の原因を適切に特定していくことが、等級認定獲得のために求められるものといえる。

【自賠責保険に非該当認定を受けた両膝の症状に12級が認定された例】

　確かに、原告の膝部については、事故後三か月経過してから初めてMRI撮影が行われたものであり、事故直後は傷病名として診断書に膝の受傷の記載は見られないが、原告は、当初、頭を打っていたため、頭痛がひどく、頭部CTを撮影するなどを受け、さらに、全身、特に左腿と左肘が最も痛かったため、カルテには両膝の痛みまでは記載されなかったが、両膝の痛みもあったこと、原告に対しては、より痛みの強い部分から順次治療が行われていったもので、膝は打撲による影響であろうと考えられ、遠赤外線による治療程度で経過観察をしていたものであるが、原告の愁訴が改善せず、自覚症状、理学所見等から検査の必要性が認められ、特に痛みの強かった左膝からMRI検査を行ったことが認められる。

　A医師は、検察官からの加療経過についての照会に対し「左膝MRIにて異常なし」と回答しているが、その後の原告代理人からの照会に

対し、同医師が改めてMRI画像を見たところ、検察庁宛の回答は誤りであり、MRIにて異常所見が確認される、と回答している。

B医師も、膝について「右側において可動域最大屈曲位では疼痛著明、外反動揺性あり、McMurray Test〈＋〉、内側半月症状を認める。MRIではACLの容量の低下とPCLのバックリングの所見を認める。左側では最大屈曲位での疼痛があり、McMurray Test〈＋〉、外側半月板症状を認める。MRIでは外側半月板に水平断裂を認める。」と診断している。

これに対し、被告らは、画像からはっきりした半月板損傷の所見は見られないという顧問医の意見を回答書として提出するものの、その詳細についての説明はなく、A、B両医師の所見に対する具体的な反対意見も述べられていない。

以上を総合すれば、原告の後遺障害は、（中略）両膝の神経症状については一二級一二号に該当する程度であると認められ、その内容、程度のほか原告が本件事故当時、ラーメン店を経営し、自ら調理等に従事していたことにかんがみれば、労働能力喪失率は一四％とするのが相当である。（東京地判平18.2.6交民39巻1号125頁）

コメント

MRI画像の読影結果について、医師により意見が分かれる場合もありうる。

依頼者の訴える症状が重い場合には、他の医師にカルテや画像に鑑みた意見を求めることも重要である。

本件では、保険会社側の顧問医は半月板損傷の所見は見られないとの意見を提出しているが、被害者側の医師が疼痛の原因について画像から説明したことで、12級が認定されている。

【骨折後の疼痛について後遺障害等級該当性が争点となった例】

本件は、自賠責保険会社に対してなした被害者請求は、時効完成により請求権消滅と判断されて自賠責保険金の請求には応じて貰えていない状況下においてなされた訴訟であり、後遺障害等級該当性が争点となったものである。

外傷に由来する神経障害としての疼痛等の感覚異常のうち、受傷部

位の疼痛については、疼痛の強度やその原因となる医学的な他覚的所見の有無等により、その程度に応じ、後遺障害等級一二級一二号又は一四級一〇号を適用するとされている。そして、原告の右足底の知覚障害は、第一ないし第五趾の部分から右側面部にまでの広い範囲に及んでおり、感覚がほとんどなく、かなり強くつねらないと感じないため、靴を脱がないと運転ができないものであるが、原告の訴え以外に症状に関する客観的所見が乏しい上、原告の本件事故により受傷した右足部の傷害が右第五中足骨骨折及び右足挫創（右第一及び第二趾間のデグロービング）であり、受傷部位にとどまるものではないので、上記知覚障害の原因となる医学的な他覚的所見が明確ではないことからすれば、「局部に神経症状を残すもの」として後遺障害等級一四級一〇号に該当するにとどまるものといわざるを得ないとした（東京地判平18.7.18交民39巻4号984頁）。

コメント

　自賠責の後遺障害等級が無い場合でも、訴訟で認定されることがある。

　この場合、他覚的に障害を立証できるかどうかが大切であり、診療録や画像等を基に、医学的に立証出来るかどうか検討すべきである。

　本件は、傷病の程度としては軽くないが、他覚的・客観的に症状を立証することが出来ず14級にとどまるとされたものである。

【骨萎縮について、後遺障害等級12級が認められた事例（自賠責認定と同じ）】

　確かに、病院の診療録には「骨癒合」と記載されている。しかし、骨折部分が変形して癒合する変形癒合があり得るのであり、他覚的所見の存在を否定することは出来ない。そして、原告の右橈尺骨遠位端において、癒合部が正常な状態とは異なる状況にあるものと解され、また、癒合部及びその近接する部分に、X線写真の濃度が高くなっている部分が相当あることが認められ、骨組織が局所的に減少した状態、すなわち骨萎縮となっているものと推測され、この事実に照らすと、障害の存在が他覚的所見によって裏付けられているものと解されるとした（大阪地判平24.9.18自保ジャーナル1892号116頁）。

コメント

　本件は自賠責の認定と訴訟における裁判所の認定が一致した例であるが、画像上の所見が確認されたことに伴い、12級が認定されたものである。他覚的・客観的所見の中で一番認定に寄与しうるのが画像上の所見である。

❹ 骨折後の疼痛に関する労働能力喪失期間

ア　労働能力喪失期間の限定

　むち打ち症の場合の後遺障害に基づく逸失利益の労働能力喪失期間は限定されるのが一般的（14級の場合で5年、12級の場合で10年程度）であるが、むち打ち症以外の原因による神経症状で12級又は14級に該当する場合についても同様に、労働能力喪失期間を限定する主張がなされることがある。

　この点、裁判例は、器質的損傷のある場合に残存した疼痛が12級の場合、喪失期間は限定せずに就労可能年限まで認める傾向にある。

　一方で、14級に留まる場合には、裁判例の判断は割れている。

イ　安易な限定は避けるべきである

　むち打ち症以外の原因による神経症状の場合、自覚症状のみで診断されるむち打ち症の場合と同様に判断することは慎重であるべきであろう。

　特に、自賠責保険の後遺障害等級に該当しないレベルの運動・機能障害を併発しているケースや、そもそも傷害の程度が重かった場合（本件のような開放骨折等）に残存した疼痛については、損害保険料率算出機構や裁判所が特定できない原因の疼痛が生じることも十分あり得るのであるから、例え14級であったとしても、安易に労働能力喪失期間を限定することには慎重であるべきだろう。

3 対応の勘所

❶ 事故直後に相談を受けるケース

　下肢骨折後の障害について、まず、当該障害の種類を頭に入れておくべきである。

　そして、経過診断書には初診時の状態（骨折、靱帯損傷、神経損傷の有無・部位・程度等）、症状、画像所見、神経学的検査所見等を記載して貰うことを心がける。

　依頼者に対しては、事故直後の軟部組織の状態も把握できるようにするため、早期にMRIを撮影しておくようにアドバイスすべきであろう。また、自覚症状は必ず全て（重いものだけでなく全て）を医師に伝えるようにアドバイスすべきである。

　事故直後は当然重い症状から対処されていくため、事故直後に気づかなかった症状に途中で気づき、最後まで残存することもある。その場合、事故直後の診断書に明記されていない自覚症状として、加害者側から争われたり、因果関係が問題となったりする場合があるからである。

　できる限り丁寧に症状を聞き取り、それら全てを（場合によってはメモを持参するなどして）医師にできる限り早い段階で伝えてカルテ等に残しておいて貰うことが大切である。

　その他、後遺障害診断書作成を医師に依頼する際のアドバイスについては、後述の「❷症状固定時期付近で相談を受けるケース」と同様である。

❷ 症状固定時期付近で相談を受けるケース

　症状固定時の具体的症状、各種検査結果や症状の程度について後遺障害診断書に確実に記載して貰う必要がある。

また、自覚症状についても漏れなく記載をして貰うようにする。

　遅発性の症状がある場合などは、症状の原因や外傷との因果関係について医師に厚く記載して貰う必要がある。

　下肢や足指の欠損・切断部位、長管骨の変形の程度、関節可動域の測定値、動揺関節の程度（ストレスＸ－Ｐ等による所見）や筋萎縮の有無、両下肢の周径差、画像所見等を、依頼者の訴える症状に応じて弁護士の側で判断し、記載して貰うようアドバイスする。

　他覚的所見欄の記載が重要であるため、一度作成して貰った後遺障害診断書を弁護士側で確認し、他覚的所見欄が空欄の場合はもちろん、特に異常なしなど自覚症状と相容れない記述のみの場合などは追記や修正をお願いすることもあり得よう。

外貌醜状

後遺障害等級と労働能力喪失（率）に乖離がある場合

甲弁護士は、知り合いの紹介でＹ男から交通事故の相談を受けた。

自転車で走行していたところ、自動車に接触された交通事故であり、治療は終了したものの、顔に痕が残ったため、今後の進め方について相談したいということで事務所に来てもらうことになった。

甲弁護士：よろしくお願いいたします。今回、自転車で走行していたところ自動車にぶつけられたということで、災難でしたね。どのようなお怪我を負われたのですか。

Ｙ男：車道の左端をまっすぐ走行していたら、突然後ろから走行してきた自動車にぶつけられたのですが、その衝撃で左に倒れて、顔の左側と左腕と左足が、道路にこすりつけられました。

甲弁護士：それは大変でしたね。もう治療は終了したと伺っておりますが。

Ｙ男：はい。無事、治療は終了して、特に現在痛みが残っているということはなく、体は元通りになりました。

甲弁護士：それは不幸中の幸いですね。それだけ大きな事故であれば、痛みが残ったり、関節が動きにくくなったりといった後遺症が残ることも多いので、良かったですね。

Ｙ男：はい、それは良かったのですが、事故の時に顔を道路に擦られた影響で、左頬に傷痕が残ってしまいました。

甲弁護士：確かに、私から見てもはっきりわかるくらい、頬に傷痕が残っていますね。

Ｙ男：そうなんです。

　それで、相手の保険会社にそのことを伝えたところ、傷痕も後遺症になるから、後遺障害診断書というものをとってくるように言われ

て、その書類を送ってもらい病院の先生に記載してもらいました。それがこの書類になります。

甲弁護士：なるほど。既に後遺障害診断書はとっているのですね。

　そうすると、今後は、この後遺障害診断書を自賠責の保険会社に提出して、後遺障害の認定をしてもらうことになりますね。

Ｙ男：はい。そのように相手の保険会社の担当者からも言われたのですが、その担当者からは「後遺障害診断書を提出してもらえれば、後遺障害の認定手続を進めます」と言われました。

　ただ、相手の保険会社に任せてしまうのは不安なところがあって、インターネットで調べたところ、後遺障害の認定手続には、相手の保険会社にその手続を任せる事前認定の手続と、私の方から自賠責保険会社に直接請求をする被害者請求の手続があることを知って、どうしたらよいのか一度弁護士の先生に聞いてみたいと思ったので、今回相談にやってきた次第です。

甲弁護士：なるほど。よく調べていますね。確かに、事前認定の手続は、相手保険会社に手続をしてもらうことになるので、不安なところはあるかと思います。しかし、今回のような醜状痕が後遺症の場合は、醜状痕が残存した場所と、その大きさで後遺障害等級が決まりますし、自賠責保険が後遺障害等級を審査するときは、調査事務所というところが調査するのですが、その調査事務所が直に面談するなどして、後遺障害の有無を審査しますので、事前認定でも被害者請求でもあまり差はないと思います。

Ｙ男：そうなんですか。

甲弁護士：はい。でも、せっかくご来所いただきましたし、もし私が受任して進めるのであれば、被害者請求で進めていきましょうか。被害者請求で進めるのであれば、Ｙ男さんに書いてもらわないといけない書類が色々あったりして面倒だとは思いますが、よろしいでしょうか。

Ｙ男：はい、お願いします。

甲弁護士：わかりました。自賠責保険会社に書類を提出する際に、Ｙ男さんの傷痕の写真も送りたいと思います。先ほども申し上げた通り、

醜状痕が後遺症として残っている場合は、その醜状痕が残存した場所と、その大きさで後遺障害等級が決まります。

　なので、醜状痕が残存した場所が分かるように、傷痕をアップで撮影した写真と、顔全体の写真で、傷がどこにあるか分かる写真を撮影してきてください。また、傷痕の大きさがわかるように、傷痕のアップの写真は、定規をあてて、傷の長さ、幅が何センチであるか分かるように撮影してきてください。あと、腕や足には傷痕は残っていませんか。

Ｙ男：分かりました。腕や足には傷痕は残っていません。

　あと、もう１点聞いてもよいでしょうか。

甲弁護士：はい。何でしょう。

Ｙ男：私が書籍で調べたところ、醜状痕の場合は、７級、９級、12級の等級になる可能性があって、７級の場合は56％、９級の場合は35％、12級の場合は14％の労働能力喪失が認められて、それをもとに逸失利益が認められると書いてあったのですが、この理解で正しいでしょうか。

甲弁護士：かなり詳しく調べていますね。

Ｙ男：実は、私、今司法修習をしていて、修習中に見た事件で、赤い本とかを見て、このように逸失利益を判断していることを知ったので、今回も同じように判断されるのかな、と思ったので。

甲弁護士：あ、修習生なんですね。すると今は、集合修習中ですか。

Ｙ男：はい。毎日のように起案していて、嫌になってしまいます。

甲弁護士：分かります。あれは大変ですよね。頑張ってください。

　ということは、将来的には弁護士として働くということですか。

Ｙ男：はい。

甲弁護士：なるほど。裁判官や検察官になろうと思っているということはないですか。

Ｙ男：はい。全く思っていない、というか、お誘いの話とかも全くないので、なりたくてもなれないんですけどね。

甲弁護士：なるほど。安心してください。私も全く裁判官とか検察官から話はなかったので。となると、今後は弁護士として働くということ

ですね。

Ｙ男：はい。

甲弁護士：それで、先ほどの逸失利益の質問に戻りますが、確かに、体に痛みが残るとか、関節がうまく動かないといった後遺障害であれば、先ほどＹ男さんがおっしゃったように、労働能力喪失率表に記載されている労働能力喪失率を基礎に逸失利益は判断されますが、醜状痕の場合はそうではありません。むしろ、裁判では、逸失利益が認められない可能性も十分にあると考えてください。

Ｙ男：え、どうしてですか。

甲弁護士：逸失利益は、ざっくりいうと、その後遺障害が業務に影響を与えるために認められるのですが、醜状痕の場合は、傷痕が残っているからといって、必ずしも業務に影響を与えるとはいえないからです。Ｙ男さんも、その傷痕がなくなったからといって、起案の成績が上がるとはいえないでしょう。

Ｙ男：確かにそうですが……。弁護士として業務していく上では、顔に傷がある弁護士よりも傷がない弁護士のほうが依頼者は良いと考えると思うのですが……。少なくとも私は顔に傷がない弁護士が良いです。

甲弁護士：確かに、顔の傷痕は、依頼者との対人関係で、少なからず影響があると私も思います。そのため、裁判では、このように業務との関連で影響があるということを主張していくことになります。実際に、弁護士が醜状痕を残した事例で、逸失利益が認められた例もあります。ただ、認められるとしても、労働能力喪失率表の労働能力喪失率よりは低い労働能力喪失率しか認められないと思います。

　　　もっとも、逸失利益が認められなくても、醜状痕が残ったことによって、対人関係や対外的な活動に消極的になったこと等を捉えて、後遺障害慰謝料が赤い本の基準よりも増額されるケースもあります。なので、写真を送ってもらうのと一緒に、これまでに、今回の傷痕が原因で、対人関係や対外的な活動に消極的となってしまったエピソードなどがあれば、それをまとめた書類も送ってもらえると助かります。

Ｙ男：わかりました。早速対応します。

2　等級認定

❶ 醜状痕の後遺障害該当要件

　まず、醜状痕が自賠責保険上、どの後遺障害等級に該当するか、説明する。外貌醜状の後遺障害とは、頭部、顔面部、頸部のごとく、上肢及び下肢以外の日常露出する部位に醜状痕が残った後遺障害をいう（佐久間邦夫・八木一洋編『交通損害関係訴訟【補訂版】』（青林書院、2013年）165頁）。

　自賠法施行令別表第二では、かかる外貌醜状に加え、上下肢の醜状について後遺障害等級を規定している。具体的な等級は下記の表の通りである。

■醜状痕についての後遺障害等級

区分	等　　級	障害の程度
外貌	第 7 級の12 第 9 級の16 第12級の14	外貌に著しい醜状を残すもの 外貌に相当程度の醜状を残すもの 外貌に醜状を残すもの
上下肢	第14級の 4 第14級の 5	上肢の露出面にてのひらの大きさの醜いあとを残すもの 下肢の露出面にてのひらの大きさの醜いあとを残すもの

　「障害の程度」の内容について、労災補償手続の障害認定基準では、次頁の表の通り定義されている。

　二重線で区切られている要件は「かつ」、破線で区切られている要件は「または」の意味である。例えば、頭部に醜状痕が残った場合、「著しい醜状を残すもの」に該当するためには、 a ）「てのひら大以上の瘢痕」又は b ）「頭蓋骨のてのひら大以上の欠損」があり、かつ、その醜状痕が「人目につく程度以上のもの」である必要がある。

　後述するように、裁判においては、醜状痕が上記の大きさに該当するか否かについては、写真等において判断されるが、自賠責保険の後遺障

害認定においては、自賠責損害調査事務所等において、面談が行われるため、その面談を参考に、後遺障害等級が判断される。

■「障害の程度」の内容

著しい醜状を残すもの	次（右記）のいずれかに該当する場合	頭部にあっては、a）てのひら大（指の部分は含まない。以下同じ。）以上の瘢痕又はb）頭蓋骨のてのひら大以上の欠損
		顔面部にあっては、a）鶏卵大面以上の瘢痕又はb）10円銅貨大以上組織陥没
		頸部にあっては、てのひら大以上の瘢痕
	人目につく程度以上のもの	
相当程度の醜状	顔面部の長さ5センチメートル以上の線状痕	
	人目につく程度以上のもの	
単なる醜状	次（右記）のいずれかに該当する場合	頭部にあっては、a）鶏卵大面以上の瘢痕又はb）頭蓋骨の鶏卵大面以上の欠損
		顔面部にあっては、a）10円銅貨大以上の瘢痕又はb）長さ3センチメートル以上の線状痕
		頸部にあっては、鶏卵大面以上の瘢痕
	人目につく程度以上のもの	

　上記表の他にも、後遺障害等級に該当する醜状（耳介軟骨部の欠損等）はあるが、本書籍においては割愛する（詳しくは、『労災補償　障害認定必携　第17版』（労災サポートセンター、2020年）183頁以下等を参照）。

❷ 改正前の後遺障害該当要件

　平成23年5月2日に、自動車損害賠償保障法施行令の一部を改正する政令（平成23年政令116号）が公布され、現在の自賠法施行令別表2が平成22年6月10日以後に発生した自動車の運行による事故について遡及

的に適用されることになった。

そのため、現在となっては案件としては非常に珍しいと思われるが、平成22年6月10日より前に発生した自動車の運行による事故については、自賠責保険上は、改正前の自賠法施行令別表2が適用され、後遺障害が認定されることになる。

改正前の別表二と改正後の別表二を比較すると、下記の通りとなる。

■改正前と改正後の比較

障害等級	改正前	改正後
第7級	12　女子の外貌に著しい醜状を残すもの	12　外貌に著しい醜状を残すもの
第9級		16　外貌に相当程度の醜状を残すもの
第12級	14　男子の外貌に著しい醜状を残すもの 15　女子の外貌に醜状を残すもの	14　外貌に醜状を残すもの
第14級	10　男子の外貌に醜状を残すもの	

もっとも、平成22年6月10日より前の事故であっても、損害賠償論上も改正前の後遺障害等級が適用されるとは限らない。

この点について、平成22年6月10日より前の事故であっても、改正後の後遺障害等級を適用する旨判示した裁判例がある（大阪地判平27・2・24自保ジャーナル1947号78頁）。かかる裁判例からすれば、平成22年6月10日より前の事故においても、改正後の後遺障害等級を基準として労働能力喪失率が判断されることになる。

一方で、横浜地判平30・3・9自保ジャーナル2024号68頁は、「原告の外貌醜状の後遺障害に係る損害を認定するに当たり、その後遺障害が自賠法所定の後遺障害等級の何級に当たるのかの認定判断をしなければならないというものではなく、したがって、その前提として、平成23年改正前の自賠法施行令別表第二が憲法14条1項に反するか否かの判断が必要となるものでもない。

したがって、平成23年改正前の自賠法施行令別表第二が憲法14条1項に反することを理由に、原告の外貌醜状に係る後遺障害等級が第7級12

号に該当するとの判断を求める原告の上記主張は失当というべきである」

と判示している。

　本裁判例は、このような判示をした上、平成23年改正前の自賠法施行令別表第二によれば、後遺障害等級12級14号に該当し、改正後の等級は9級16号に該当する醜状傷害を残存させた被害者について、後遺障害慰謝料を450万円と認定している。

　これは、赤い本基準による後遺障害等級12級の後遺障害慰謝料（290万円）と後遺障害等級9級の後遺障害慰謝料（690万円）の間の慰謝料額であり、自賠責の認定を基礎に添えつつも、改正後の等級も考慮して認定したものと考えることができる。

　したがって、平成22年6月10日より前の事故であったとしても、既に政令により改正がされているのだから、損害賠償論上は、基本的には、改正後の後遺障害等級を基準として逸失利益や後遺障害慰謝料が判断されるべきであると考える。

　もっとも、後述するように、労働能力喪失率については、被害者の性別、年齢、職業等を考慮した上で、労働能力に影響を及ぼすかといった観点から事案によって個別具体的に判断されている。また、後遺障害慰謝料については、前掲平30・3・9横浜地判が認定したように、改正前の等級の後遺障害慰謝料と改正後の等級の後遺障害慰謝料の間の慰謝料で、被害者の年齢、性別、職業等や本件事故後の相手方の対応等本件に顕れた諸事情を総合考慮して判断することも可能であろう。

　そうだとすれば、醜状障害による逸失利益及び後遺障害慰謝料の判断において、後遺障害等級が何級であるかという認定をする意味は乏しく、故に、平成22年6月10日より前の事故について、改正前の等級を認定すべきか、改正後の等級を認定すべきかという議論もその意味は乏しいものとなる。前掲平30・3・9横浜地判は、このような意味で、「平成23年改正前の自賠法施行令別表第二が憲法14条1項に反することを理由に、原告の外貌醜状に係る後遺障害等級が第7級12号に該当するとの判断を求める原告の上記主張は失当というべきである」と判示している。

3 訴訟

❶ 醜状障害による労働能力喪失の有無

　醜状障害は、一般的にそれ自体が身体的機能を左右するものではない。そのため、伝統的には、醜状障害は、現在はもちろん将来においても減収を生ずるものではなく、具体的な労働能力の喪失をもたらすものではないと説明されてきた（鈴木尚久「外貌の醜状障害による逸失利益に関する近時の裁判実務上の取扱いについて」赤い本2011年版下巻39頁、「新しい交通賠償論の胎動─創立40周年記念講演の中心として─」東京三弁護士会交通事故処理委員会93頁）。

　しかし、醜状障害は、上記のように身体的機能を左右するものではなく、肉体的・機械的な労働能力の喪失をもたらすものではなくとも、就労における他者との接触・交流にあたり、円満な対人関係を構築し円滑な意思疎通を実現する上での阻害要因とはなり得るため、このような考慮から、労働能力の喪失を認めることができる。

　そこで、以下のような分類で、労働能力の喪失を判断することができると説明されてきた（「新しい交通賠償論の胎動─創立40周年記念講演を中心として─」東京三弁護士会交通事故処理委員会９頁）。

　すなわち、①醜状痕の存在のために配置を転換させられたり、職業選択の幅が狭められるなどの形で、労働能力に直接的な影響を及ぼすおそれのある場合には、一定割合の労働の力の喪失を肯定し、逸失利益を認める、②労働能力への直接的な影響は認め難いが、対人関係や対外的な活動に消極的になるなどの形で、間接的に影響を及ぼすおそれが認められる場合には、後遺障害慰謝料の加算事由として考慮する、という判断である。後述する「❹裁判例の検討」においても検討するが、この判断は現在の裁判例でも概ね妥当する判断と考えられる。

したがって、この分類に従えば、醜状痕の存在のために、労働能力に直接的な影響を及ぼすおそれのある場合には、労働能力の喪失を肯定することができる。

　具体的に、どのような場合に「労働能力への直接的な影響を及ぼすおそれがあるのか」という点については、「❹裁判例の検討」において検討する。

❷ 醜状障害による労働能力喪失率

　後遺障害により被害者の労働能力がどの程度低下したかの認定判断については、一般に、その後遺障害が自賠法施行令別表第一及び第二に定めるもののいずれに相当するかを参考とし、被害者の職業、年齢、性別、後遺障害の部位・程度、事故前後の稼働状況、所得の変動等を考慮して判断される（佐久間邦夫・八木一洋編『交通損害関係訴訟【補訂版】』（青林書院、2013年）151頁）。

　ここに示される通り、労働能力喪失率の判断については、基本的には、第一に、後遺障害等級が参考にされることになる。そして、一般的な後遺障害については、この後遺障害等級に対応した労働能力喪失率が基本的には採用されることになる。

　しかし、醜状障害については、一般的にそれ自体が身体的機能を左右するものではなく、その他の後遺障害とは異なる性質であること等から、後遺障害等級に対応した労働能力喪失率が採用されることは稀であり、労働能力喪失率の判断においては、事例ごとに個別具体的な判断がされている（鈴木尚久「外貌の醜状障害による逸失利益に関する近時の裁判実務上の取扱いについて」赤い本2011年版下巻46頁）。

❸ 醜状障害による後遺障害慰謝料

　「❶醜状障害による労働能力喪失の有無」において述べた通り、醜状痕の労働能力への直接的な影響が認められず、労働能力喪失が認められない場合であっても、対人関係や対外的な活動に消極的になるなどの形で、間接的に影響を及ぼすおそれが認められる場合には、後遺障害慰謝

料の加算事由として考慮することが考えられる。

　慰謝料加算の金額については、100万円〜200万円の幅といわれており（「新しい交通賠償論の胎動—創立40周年記念講演を中心として—」東京三弁護士会交通事故処理委員会９頁）、近時の裁判例でも、この幅の範囲内で慰謝料加算の金額が収まっている裁判例が多くみられる（綿貫義昌「外貌醜状に関する逸失利益、慰謝料をめぐる諸問題」赤い本2020年版下巻53頁）。

　どのような場合に「間接的な影響」が認められるかは難しいところであるが、他者との対人関係において被害者が消極的になってしまうほどの醜状痕であるか、といった被害者の主観面から考えていくのが妥当と思われる（鈴木尚久「外貌の醜状障害による逸失利益に関する近時の裁判実務上の取扱いについて」赤い本2011年版下巻46頁＊６）。具体的にどのような場合に慰謝料増額が認められているかについては、以下において検討する。

❹ 裁判例の検討

　以下では、過去の裁判例がどのような基準で、醜状傷害における労働能力の喪失の有無、労働能力喪失率、後遺障害慰謝料額を判断しているのか、見ていきたいと思う。

　もっとも、上記の通り、平成22年６月10日より前に発生した事故については、症状固定日がそれ以後であったとしても、後遺障害慰謝料の算定等において、改正前の等級表を考慮していると読める裁判例も存在するため、本稿においては、平成22年６月10日以後に発生した事故についての裁判例を見ていくこととする。なお、「ウ　労働能力喪失を否定したが、慰謝料増額を肯定した裁判例」は、赤い本2020年版上巻196頁記載の後遺症慰謝料を基準として、かかる慰謝料よりも高額な慰謝料が認定されている裁判例を採用している。

ア　労働能力喪失を否定した裁判例

㈠　大阪地判平26・２・28平24㈠12819号

性別・年齢（固定時）	男性・75歳

職業	契約社員（具体的な職務内容は不明）
障害の内容・等級	左眉の左側に長さ4cm、幅1cmの線状痕 12級14号
判示	原告の後遺障害としては…外貌醜状を認定し得るにとどまり、労働能力の低下につながるような障害が残存していると認めることはできない

㈡　名古屋地判平27・3・27自保ジャーナル1950号154頁

性別・年齢（固定時）	男性・17歳
職業	高校生
障害の内容・等級	右頬部に5cm×4cmの楕円形の色素沈着と右耳介の挫創痕（線状痕）9級16号
判示	原告の後遺障害は、右頬部の色素沈着及び右耳介の挫創痕（線状痕）であり、その位置や程度等に照らすに、直ちに就労の機会や労働能力を喪失させるものとは考え難く、原告の職業等が外貌と結びついており、醜状痕を原因とする配置転換や転職を余儀なくされているといった事情を認めるに足りる証拠もない。後遺障害逸失利益の発生は認め難く、後遺障害の残存による損害は後遺障害慰謝料で考慮する

㈢　大阪地判平28・3・24自保ジャーナル1977号88頁

性別・年齢（固定時）	男性・32歳
職業	土木工事、建築工事の設計、施工等を業とする会社において、事故当時は、機械の選定・手配のほか工事現場で銃器の操作や機械の施工管理を行っていた
障害の内容・等級 括弧内は等級認定されなかった醜状痕	右前額部に長さ5cm以上の線状痕（鼻骨骨折後の斜鼻）9級16号
判示	原告の性別及び職種に照らすと、原告の労働能力それ自体に直接影響を及ぼすものではない。また、原告が将来において、現在従事している土木工事業とおよそ関係がなく、かつ、要望が重要な意味を持つ職業に就く蓋然性があるとも認め難い

㈣　神戸地判平30・3・29自保ジャーナル2027号103頁

性別・年齢（固定時）	男性・21歳
職業	大学1回生（薬学部）
障害の内容・等級 括弧内は等級認定されなかった醜状痕	顎部分に3cm以上の線状痕（下まぶた部分に線状痕、頸部に瘢痕、左鎖骨に隆起、左肘・左手関節・右手間接に手術瘢痕）12級14号
判示	その部位や写真によって認められる醜状痕の状況に照らして労働能力への影響が判然としない

イ 労働能力喪失を認めた裁判例

(ア) 名古屋地判平26・5・28交民47巻3号693頁

性別・年齢（固定時）	女性・33歳
職業	航空業への人材派遣を主な業務とする会社に契約社員として登録し、事故当時は、羽田空港内のラウンジ業務に派遣され、得意客やVIP専用のラウンジ業務を任されていた
障害の内容・等級 括弧内は等級認定されなかった醜状痕	右頬から右耳殻に至る長さ9cmの線状痕（右耳朶の瘢痕、右首筋部の直径2cmの瘢痕、左膝の10円玉大の瘢痕（原告の主張による）9級16号
労働能力喪失率	35%
判示	将来的にも空港ラウンジや店舗販売員等の接客業に就くことが考えられるところ、本件事故により、化粧を施しても正面から見てそれと分かる、右頬から右耳殻に至る長さ9cmの線状痕等が残存した…原告は、本件事故後、実際に空港ラウンジマネージャーの立場から外されたり、上司から右頬の傷について言われたことが原因で店舗販売員のアルバイトを辞めるなどしている

(イ) 東京高判平28・12・27交民49巻6号1335頁

性別・年齢（固定時）	男性・25歳
職業	衣料品店の準社員として働きつつ、舞台俳優になることを目指して歌手やダンサーとして舞台活動を行っている
障害の内容・等級 括弧内は等級認定されなかった醜状痕	顔面下顎の正面に4cmの挫創治癒痕（顔面下顎の左側に1cmの挫創治癒痕）12級14号
労働能力喪失率	5%
判示	本件治癒痕は、控訴人と相対する者が受ける印象に相当の影響を与え得るものであり、控訴人は、音楽大学を卒業後、舞台俳優を目指して、現に歌手やダンサーとして舞台活動を行っているところ、舞台活動においては外見の均衡も重要な要素であることは否定し難く、今後、控訴人がオーディション等において役を得る際に、本件治癒痕の存在を理由に不利益な取り扱いを受けるおそれがあるというべきである。…そして、本件治癒痕が今後寛解し目立たなくなるとは認められないこと、控訴人は、音楽大学を卒業後、一貫して舞台俳優になることを目指して舞台活動を続けてきたものであり、今後も同活動を続けることが見込まれること、仮に舞台活動を離れたとしても、本件治癒痕の存在は、一般企業への就職活動等においても不利益に働き得るものであること等を考慮すると…5%の労働能力を喪失したと認めるのが相当である

(ウ)　東京地判平29・4・25自保ジャーナル2015号95頁

性別・年齢（固定時）	男性・19歳
職業	事故当時は通信制の高校に通学 その後、大学に進学し、国家公務員の職種で就職することが内定した
障害の内容・等級 括弧内は等級認定されなかった醜状痕	口唇の数cm下の顎の中心付近から顎の左側にかけての約10cmの縫合痕　9級16号
労働能力喪失率	2.5%
判示	原告は…その採用の過程やその他の就職活動時に、醜状障害を理由に不利益を受けた様子はうかがわれない。また、…（国家公務員の）業務の内容に照らして、原告の醜状障害が原因で失職したり、昇進が遅れたりする具体的な可能性は認め難い。 他方、…原告が将来的に転職をする可能性はあるといえるところ、その際の醜状障害を理由に交友、懇親の場に出ないことにより、将来のキャリアアップに悪影響が生じる可能性は否定できないことからすると、原告の醜状障害が労働能力に及ぼす影響は、限定的なものとはいえ、これを否定することはできない

(エ)　福岡高判平30・12・19自保ジャーナル2041号24頁

性別・年齢（固定時）	男性・19歳
職業	事故時専門学校生 その後、地方公務員として勤務することになった
障害の内容・等級 括弧内は等級認定されなかった醜状痕	右頬部の線状痕（5cm以上）、鼻部右下の瘢痕、唇部右の線状痕（顔面右側の目尻付近に5ないし7㎜のくらい、全体で約1cmの横向きの線状、目尻から下方向に約1cm×約2cmの縦長上、右眉の右端に上下各約1cmの縦向きの線状、唇右端から右鼻翼にかけて約2.5cmの鈎型状、右鼻腔、鼻翼の付け根に1㎜ない程度の隆起が約8㎜連なる、薄茶色から肌色の瘢痕（括弧外の醜状痕を含む））　9級16号
労働能力喪失率	9%
判示	1審原告は本件事故当時未就業であったことからすれば、俳優やモデル等の外貌そのものが重視される職種を全く志望しておらず、将来においてそのような職種に就く可能性は考えられないとしても、就業する職種等について確定していたわけではなく、営業職や接客業関係職などについて事実上制限されたなどの不利益があることは明らかであるから、およそ労働能力の喪失がなかったということはできない。 …1審原告は、本件事故当時から公務員職を志望していた

ところ、警察官等を諦めた点については本件瘢痕が主たる原因とまでは認められないこと、本件瘢痕は公務員採用試験には必ずしも影響せず、1審原告は当初から志望していた公務員として現に採用に至ったこと、1審原告は当審の口頭弁論終結時点で21歳と若年であり将来の転職の可能性もあることなどの事情を総合すると、本件事故による本件瘢痕のために職業選択に当たり職種制限や将来の昇進等に不利益が生じたとしても、その影響により1審原告が喪失した労働能力は、9%と認めるのが相当である

ウ　労働能力喪失を否定したが、慰謝料増額を肯定した裁判例

(ア)　神戸地判平25・3・14自保ジャーナル1904号34頁

性別・年齢（固定時）	男性・24歳
職業	父親が経営する会社（大手住宅メーカーの下請けとして住宅を建築）から請負の形で、住宅建築現場の監督及び現場作業に従事
障害の内容・等級 括弧内は等級認定されなかった醜状痕	左眉から左耳にかけての帯状瘢痕（右前額部の線状痕、右眉直上部の線状痕、眉間部の線状痕、右頬部の線状痕、唇左側の線状痕、左頬部の隆起瘢痕、右唇上の線状痕）7級12号
後遺障害慰謝料	1300万円（赤い本7級基準は1000万円）
判示	①現在の原告の職業は、円満な対人関係の構築や円滑な意思疎通の実現それ自体が職務上中核をなす職業ではないこと、②実際、原告が（父親の経営する会社）で稼働するにあたり、営業も含めて仕事のうえで、原告の顔面醜状が影響する場面はほとんどなく、仮に影響があるとすれば、施主との対応や現場の近隣対策等に限定されること…、③原告は、将来、（父親の経営する会社）を受け継ぐことが約束されていること、④原告は、本件事故後も減収がないことが認められる。 　以上によれば、本件事故による後遺障害（顔面醜状）が、原告の労働能力に影響を及ぼしていることを認めるに足りる証拠はなく、本件事故後も減収がない以上、原告の後遺障害逸失利益は認められない。 　しかし、他方、原告が将来転職する可能性が皆無であるとはいえないし、原告が顔面醜状を気にする余り、対人関係や対外的な活動に消極的になるなどして、間接的に労働能力に影響を及ぼすおそれもあるから、これらの事情は、…後遺障害慰謝料の加算事由として考慮する

(イ)　東京地判平28・12・16自保ジャーナル1993号91頁

性別・年齢（固定時）	女性・33歳
職業	アルバイト（市場内での売り子（店先での販売員）や市場内での集金作業）
障害の内容・等級	口唇上部の外傷性刺青及び肥厚性瘢痕（5cm以上の線状痕）9級16号
後遺障害慰謝料	830万円（赤い本9級基準は690万円）
判示	原告は本件障害を気にして普段マスクを着用しているところ、原告の年齢、性別及び本件障害の程度を考慮すると、本件障害が原告の労働能力に影響を及ぼしていることは明らかといえる。 　もっとも、原告の収入は本件事故当時の収入よりも増加していること、本件事故が発生する前の職歴からすると…本件事故が派生しなかった場合における原告の転職の可能性は抽象的なものにとどまるといわざるを得ないことに照らすと、本件障害による逸失利益が具体的に発生したと認めることはできないから、原告が主張する後遺障害による逸失利益は後遺障害慰謝料の加算事由として考慮するのが相当である

(ウ)　京都地判平29・2・15自保ジャーナル1998号21頁

性別・年齢（固定時）	女性・7歳
職業	小学生
障害の内容・等級	髪の生え際から下に向かって概ね直線に数cm伸びた後、右側額部に緩いカーブを描くように、眉毛の数cm上あたりまで伸び、合計5.3cmの線状痕　9級16号
後遺障害慰謝料	870万円（赤い本9級基準は690万円）
判示	上記線状痕の部位及び程度からすれば、髪型や化粧などで目立たないようにすることは十分に可能であり…将来における労働能力に直接的に影響を及ぼす蓋然性を認めることはできない。 …原告の後遺障害の程度は、別表第二第9級16号に該当するものである。それに加え、原告の線状痕の部位及び程度からすれば、髪型等で目立たなくできるとしても、女性として髪型の制限を受けること自体が精神的負担となりうる。また、本件事故当時7歳であった原告が、今後成長期を迎えていく中で、線状痕の存在を気にして対人関係や対外的な活動に消極的になり、そのことが原告の性格形成に影響を及ぼす可能性が否定できず…原告の線状痕の部位及び程度からすれば、将来選択できる職業に一定程度の制約が生じる可能性は否定できない。以上を踏まえれば、後遺障害慰謝料は、870万円とするのが相当である

性別・年齢（固定時）	男性・24歳
職業	事故当時医学部2年生 その後、研修医として勤務
障害の内容・等級 括弧内は等級認定さ れなかった醜状痕	右頬に3.2cm×2.0cmの大きさの茶褐色の瘢痕 （左前腕の茶褐色の瘢痕2個、右手背の茶褐色の瘢痕2個、 右膝の茶褐色の瘢痕3個、左膝の茶褐色の瘢痕、左腰の濃茶 色の瘢痕）12級14号
後遺障害慰謝料	320万円（赤い本12級基準は290万円）
判示	原告の右頬部の刺青は、その場所や色、形状等からすると、人目につきやすいものではあるが…研修医として勤務を開始するまでの過程や研修医としての勤務中に、醜状障害を理由に不利益を受けた様子はうかがわれない。上記の事情に加えて、医師の業務の内容、原告が研修医として勤務していた際、消化器外科医か整形外科医になることを考えていたことも考慮すると、原告の醜状障害が原因で医師としての就職に支障が生じたり、失職や転職を余儀なくされたり、業務の遂行に具体的な支障が生じたりすることは認め難い。 　したがって、…原告に後遺障害による逸失利益が発生したと認めることはできない。 　なお、医師の業務は、患者等とのコミュニケーションを伴うものであり、原告の年齢も考慮すると、醜状障害の存在による精神的な影響は否定できないところ、このような事情については、慰謝料の算定において考慮するのが相当である。 　原告は、本件事故により後遺障害等級12級14号に該当する右頬部の刺青が残ったこと…右頬部の刺青は人目につきやすいものであり、これによる精神的な影響は否定できないこと、後遺障害等級の基準には満たないものの、多数の瘢痕が人目につきやすい部位を含め残存していることなどの事情を総合考慮すると、後遺障害慰謝料は320万円と認めるのが相当である

エ　裁判例の検討

㈠　労働能力喪失の判断

　以上の裁判例を概観すると、労働能力喪失の有無の判断においては、上記「❶醜状障害による労働能力喪失の有無」において記載した、労働能力に直接的な影響を及ぼすかどうか、という基準で判断している裁判例が多いものと考えられる（もっとも、イ㈢の裁判例は、労働能力喪失

を肯定しているが、被害者が消極的になることによる間接的な労働能力に対する影響を考慮しているように見える）。

そこで、労働能力に直接的な影響を及ぼすかどうか、という基準を判断する上で、どのような要素を考慮しているか、検討する。

まず、配置転換や転職、減収といった就業に対する不利益が現実に発生しているかを考慮している裁判例が多いことが分かる（ア(イ)、イ(ア)・(エ)、ウ(ア)・(イ)・(エ)）。現実にこのような不利益が発生しており、それが醜状痕によるものと認められる場合には、基本的には、労働能力への直接的な影響が認められることになるものと考えられる。

次に、営業職や舞台活動といった、容姿が業務において重要な要素となる職業に就いている（もしくは目指している）ことが重要な考慮要素となっていると思われる（イ(ア)・(イ)）。かかる要素は、醜状痕の箇所・程度との連関で判断されることになるが、上記のような職業に就いている場合には、醜状痕の程度がある程度軽微であったとしても、労働能力喪失が認められる場合が多いと思われる。

さらに、年齢や性別も並列して考慮されている。これらの要素は、現在就いている業務への影響という観点においても考慮されうるが、将来的な転職、昇進可能性への影響の有無という観点においても考慮されているものと思われる（年齢、性別が、将来的な転職、昇進可能性において考慮されている裁判例として、イ(エ)、ウ(ウ)）。

上記裁判例からは、以上のような要素が読み取れるが、裁判例の判示からは読み取れない事情として、醜状痕の見え方がある。確かに、判示からも、醜状痕の箇所及び大きさ等は読み取れるが、被害者の容姿も含め、醜状痕が他者にどのように見えているか、ということまでは読み取れない。しかし、前述の通り、一般的にそれ自体が身体的機能を左右するものではない醜状障害において労働能力喪失が認められる根拠が、就労における他者との接触・交流にあたり、円満な対人関係を構築し円滑な意思疎通を実現する上での阻害要因となり得る点にあることからすれば、醜状痕が他者にどのように見えるかが、労働能力喪失の判断に大きな影響を与えていることが多いものと考えられる。実際に、鈴木尚久

「外貌の醜状障害による逸失利益に関する近時の裁判実務上の取扱いについて」赤い本2011年版下巻44頁においては、「逸失利益の肯否を検討する上で出発点となるのは、醜状障害の内容及び程度」であるとの指摘があること、綿貫義昌「外貌醜状に関する逸失利益、慰謝料をめぐる諸問題」赤い本2020年版下巻51頁においては、「仕事内容や収入…将来の異動や転職（に対する）影響の有無を判断するに当たっては、外貌醜状の部位・内容・程度が出発点となる」との指摘があることからしても、醜状痕の箇所・程度も含め、醜状痕が他者にどのように見えるか、ということが労働能力喪失の有無を判断する上での出発点となっているものと考えられる。

　そのため、被害者側代理人として、醜状障害による労働能力喪失を主張立証する上では、まず、被害者の醜状痕の箇所・程度が明確になるように、写真などによりしっかりと訴えるべきである。その際には、他者がその醜状痕をみたときに就業等に対する影響が大きいと感じさせることができるように、醜状痕がはっきりと分かる角度で撮影したり、アップの写真と全体の写真を撮影する等して、撮影の仕方を工夫すべきである。

　その上で、醜状痕により就業に対する不利益が生じている場合にはその事情を、そのような事情がなくても、被害者の現在の職業について将来的に影響を及ぼす可能性のあること、年齢・性別などからして、将来的な転職可能性があり、そこにおいて不利益が生じる可能性があること等を具体的に主張立証する必要がある。

(イ)　慰謝料増額の判断

　労働能力喪失を認定せず、慰謝料増額のみを認定した裁判例を見てみると、上記「❶醜状障害による労働能力喪失の有無」において記載したとおり、被害者が醜状痕を気にすることにより対人関係や対外的な活動に消極的になるため、間接的に労働能力に影響を及ぼすといった理由から慰謝料増額を認めている裁判例が多いように見受けられる。上記ウの裁判例のうち、(ア)、(ウ)、(エ)の裁判例はこのような判断をしているものと読める。一方で、ウ(イ)の裁判例は、直接的な労働能力への影響を認めて

いるように読めるが、実際の収入の減少がないことから、損害論における差額説の立場から逸失利益を認めず、慰謝料において考慮したものと考えられる。

そして、醜状痕の見え方（箇所・程度）、職業、年齢、性別といった要素から、a）被害者が醜状痕を気にすることにより対人関係や対外的な活動に消極的になり、b）間接的に労働能力に影響を及ぼす（具体的には、将来的な業務に影響があることや職業選択の幅が制約されること等）ことを被害者側としては具体的に主張立証していく必要があろう。

もっとも、イ(ウ)の裁判例のように、a）、b）の要件から労働能力の喪失を認めている裁判例もあることから、被害者側としては、最初からa）、b）に該当する事情を慰謝料増額の事情として主張するのではなく、まずはa）、b）に該当する事情があることから労働能力喪失が認められることを主張していくべきである。

(ウ)　まとめ

以上のような要素を裁判例は考慮して、労働能力喪失ないしは慰謝料増額を判断しているが、以上の検討は、ごく一部の裁判例をピックアップして検討したにすぎない。醜状障害に関しては、既に非常に数多くの裁判例が蓄積されており、各裁判例が、多様な要素を判断して労働能力喪失ないし慰謝料増額を判断している。

そこで、被害者側代理人弁護士としては、被害者から事情を聴取した上で、類似の裁判例を検索し、その裁判例がどのような要素を考慮しているかを見て、その要素に該当する資料の収集をすることが重要である。

今回のようなケースでは、最近の裁判例として、東京地判平28・6・24交民49巻3号775頁が弁護士に残存した醜状障害について逸失利益を認めており、この裁判例等を参考にしながら、アドバイスをしていくことが良いと思われる。

❺ 被害者側として準備すべきこと

ア　2点の立証

　被害者が民法709条や自賠法3条等に基づき、加害者に損害賠償を請求するためには、①加害者の行為により被害者の権利が侵害されたこと、並びに、②それにより被害者に損害が発生したこと及びその額について被害者側にて立証しなければならない。

　そして、醜状障害について言えば、①については、ⅰ）被害者に醜状障害が残存していること、及びⅱ）その醜状障害が本件事故により発生したことを立証しなければならず、②については、逸失利益を主張するのならば、被害者に残存した醜状障害により、被害者の労働能力に直接的に影響を及ぼすこと等を立証しなければならず、慰謝料増額を主張するのならば、その醜状障害により被害者が対人関係や対外的な活動に消極的になること等を立証しなければならない。

イ　①加害者の行為により被害者の権利が侵害されたこと

　まず、ⅰ）については、被害者の顔の写真を撮影するなどして、醜状痕の存在をわかりやすく示すことが必要である。その際には、「2　❶醜状痕の後遺障害該当要件」（78頁）で説明した通り、醜状障害は、部位及び大きさで後遺障害等級が決定するため、醜状痕の部位が分かるように、全体の写真とアップの写真を撮影することが必須である。また、醜状痕の大きさが分かるように、定規をあてるなどして、傷の長さ、幅が何cmなのかをわかるように撮影する必要がある。

　次に、ⅱ）については、後遺障害診断書に醜状痕の記載があることが有力な立証資料となるが、裁判例の中には、診療録に醜状痕についての記載がないことから、事故により醜状痕が残存したわけではないと争われている裁判例もあるため、受傷当時から醜状痕の存在をしっかりと医師に訴えかけ、診療録等に記載してもらうことも重要である。

ウ　②それにより被害者に損害が発生したこと及びその額

㈎　逸失利益（労働能力喪失）について

　逸失利益における労働能力喪失及び喪失率の立証について、一般的な

後遺障害では、自賠責保険制度の後遺障害認定手続における判断がされている場合には、特段の事情のない限り、その認定に見合った後遺障害の存在とそれによる労働能力の喪失について、一応の立証ができた状態にあると考えられている（佐久間邦夫・八木一洋編『交通損害関係訴訟【補訂版】』（青林書院、2013年）154頁）。

　もっとも、醜状障害については、前述したとおり、一般的に、それ自体が身体的機能を左右するものではないため、労働能力に直接的な影響を及ぼすおそれのある醜状障害であるか等の観点から、個別具体的に労働能力喪失及びその喪失率について判断がされている。

　そうだとすれば、醜状障害については、自賠責保険制度の後遺障害認定手続における判断があったとしても、前述した「一応の立証」ができた状態にあるとまではいえないと考えられる。そのため、被害者側にて、自賠責制度の後遺障害認定手続における判断に加えて、被害者に残存した醜状障害が被害者の労働能力にどのように影響を与えるか（労働能力に直接的な影響を及ぼすか）について具体的に主張立証する必要があるものと思われる。

　その判断要素としては、「❹裁判例の検討エ(ア)」（90頁）において検討した要素が主に挙げられる。具体的には、醜状痕の箇所・程度を含めた他者に対しての見え方、醜状痕による現実的な不利益の有無、職種、年齢、性別等が考慮されるということになる。

　そこで、被害者側としては、①ⅰ）と重複するが、被害者の醜状痕がわかりやすいような写真を撮影して提出することが必須である。特に、労働能力喪失の観点から言うのであれば、醜状痕のアップの写真ではなく、容姿全体で醜状痕がどの程度影響があるかが分かるような全体の写真が必要になってくる。また、事故後に減給されたり、退職させられたりした場合には、それが分かる資料があると良い。さらに、職種については、就業先での業務内容が分かる証拠（会社ホームページや会社の上司等の陳述書等。個人事業主の場合は請求書や被害者自身の陳述書も一定の証拠力を持つ証拠となろう）を提出する。そして、これらの証拠をもとに、被害者に残存する醜状痕が当該業務内容にどのように影響する

のか、もしくは、当該業務内容からすれば、転職、配転等の可能性があるのか、といったことを具体的に主張することになる。

　㈡　慰謝料増額について

　慰謝料増額については、「❹裁判例の検討エ㈡」（92頁）において検討したとおり、被害者が醜状痕を気にすることにより対人関係や対外的な活動に消極的になることを被害者側にて主張立証していくことになる。

　かかる立証については、醜状痕が原因で対人関係や対外的な活動に消極的となってしまったエピソードを踏まえた、具体的な陳述書が立証資料となるものと考えられる。

エ　まとめ

　以上の通り、被害者側としては、醜状障害に基づく逸失利益や慰謝料増額を主張するために、以上のような資料を準備しながら、具体的に労働能力への影響を主張していく必要がある。

歯牙欠損

歯牙ゆえの特殊性

1　甲弁護士が受けた法律相談

　甲弁護士は、知り合いの紹介でＹ女から交通事故の相談を受けた。

　事故から1年経っており、現在通院治療は終了している。なお、Ｙ女は当該交通事故によって歯4本を失うなどしていた。

甲弁護士：初めまして、甲と申します。本日は、Ｚさんからの紹介ということで……。

Ｙ女：先生、聞いていただけますか!?

甲弁護士：は、はい。

Ｙ女：今から1年程前ですが、交差点の手前で信号待ちをしておりましたら、突然、相手方が運転する車に後ろから追突をされました。そのせいで、私はむちうちにもなりましたし、ハンドルに顔を打ち付けて、歯を4本も失ってしまいました。何としてでも、その恨みを晴らしたいです。

甲弁護士：承知しました。事故から1年経っているということですが、現在も治療のために病院に行かれてますか。

Ｙ女：首についてはもう病院には行っておりません。歯の治療についても、基本的には終わってはいるのですが、歯医者さんからは、これからも、治療した歯のメンテナンスをするため、ある程度の時期になったら医院を訪れるよう指示されております。

甲弁護士：そうですか。先ほど、歯を4本失ったというお話でしたが、どういった治療を行いましたか。

Ｙ女：インプラントを行いました。でも、相手の保険会社は、インプラント費用についても否定しております。歯医者さんからは、インプラントが一番良い治療法だと聞いておりましたので、特に迷いませんでした。

Y女は、こう述べて、甲弁護士に対して、相手方保険会社の賠償金額の提示案が記載された書面を交付した。

甲弁護士：なるほど、たしかにそうですね。あと、この内容をみると、後遺障害逸失利益は否定されていますね。ちなみにどういったお仕事をなさっておられますか。

Y女：会社員で、経理業務をやっております。事故の前後で特に給料も変わっておりません。

甲弁護士：また、過失相殺によって15％減額が行われていますが、これはなぜですか。

Y女：私がシートベルトを着けていなかったことが理由のようです。

甲弁護士：あれ？　シートベルトは着けていなかったのですか。

Y女：はい。ですので、私は顔をハンドルに強く打ちつけました。

甲弁護士：確認ですが、以前に事故や怪我などをして、歯を失うといったことはありましたか。

Y女：はい、高校生のころに３本ほど歯を折っていて、結局、歯を失ったということがあります。

甲弁護士：あと、後遺障害の等級が示されていますけれども、後遺障害等級認定申請は行ったのですね。

Y女：はい、相手の保険会社を経由して、後遺障害等級認定申請を行いました。その結果、12級３号の後遺障害等級認定が行われました。

甲弁護士：後遺障害等級認定結果については、ご不満等はございますでしょうか。

Y女：いいえ、後遺障害等級認定の結果には不満はないのですが、全体的な示談金の金額が少ないので、この辺りが不満なのです。ということで、先生ご対応お願い致します。

　このようなやりとりを行った後、結局、甲弁護士はY女からの依頼を受けることになった。

2 法律相談後の対応

❶ 歯牙欠損の基礎知識

　本ケースでは、歯牙欠損に伴う論点について記載をしているが、それらの論点を理解するにあたって、歯牙が欠損した場合等における治療に用いられる装置ないし方式について説明を行う。

　これらの装置には様々なものがあり得るが、代表的なものとしては、インレー、クラウン、ブリッジ（架橋義歯）、有床義歯及びインプラントといったものがある。

　インレーは、いわゆる詰め物であり、これは歯牙が欠損した場合にその欠損箇所を補綴する際に用いられる。

　クラウンは、いわゆる被せものであり、歯牙の全体を覆うものである。

　ブリッジは、欠損した歯牙の両側の歯牙を削って、それらの歯を土台とし（なお、これらの土台となった歯牙を「支台歯」という）、人工の歯（ダミー）を掛け渡したものである。歯牙に欠損が生じた場合に、この治療方式を採用すると、さらに欠損歯の両側を削る必要がある。

　有床義歯は、いわゆる入れ歯であり、歯牙が欠けたところの歯肉の形に合わせて作成された土台の上に人工の歯牙を埋め込んだものである。歯牙の全てが欠損してしまった場合に用いられる有床義歯は、全部床義歯といい、歯牙が残存している場合に用いられるものは、局部床義歯という。局部床義歯は、その支台装置として、クラスプという金属の部品が構成要素となっていることがある。その場合、このクラスプを残存した歯牙に装着し、局部床義歯を用いることになる（このクラスプが装着される歯も「支台歯」という）。

　インプラント（本ケースではデンタルインプラントのことを「イン

プラント」として表記する）は、歯牙を欠損した場所の歯槽骨に人工の歯根を埋め込み、その上に人工の歯牙を装着するというものである。他の治療方法と比較した場合のメリットとしては、健康な歯牙を削る必要がない、咀嚼能力が優れている、審美性が高い等といったことが挙げられる。他方、デメリットとしては、手術が必要になり他の治療方法よりも負担が大きい、治療期間が長い、感染に弱い、手術後のメンテナンスが必要となる及び治療費等が高額となるといった点が挙げられる。これらのデメリットが要因となるためか、インプラント及びそれに関連する諸費用の因果関係損害額等について争いが生じることがある。

❷ 歯牙障害に関する事案にあたっての視点

　歯牙障害とは、歯を喪失した場合及び著しく欠損した場合をいう（小松初男・小林覚・西本邦男編『後遺障害入門―認定から訴訟まで―』（青林書院、2018年）250頁）。

　この歯牙障害における後遺障害の有無及び程度については、「歯科補綴を加えた」歯牙の数によって決される。したがって、①どのような場合において「歯科補綴を加えた」といえるのか、②「歯科補綴を加えた」歯の算定方法はどのようなものであるのかを把握する必要がある。加えて、③後遺障害等級認定が行われたとしても、後遺障害逸失利益の有無及び程度が争点となるので、この点についても裁判例を把握するのがよいであろう（裁判例について、後記❹後遺障害逸失利益イを参照）。なお、後遺障害逸失利益が否定されたとしても、後遺障害慰謝料の増額の可能性もあることから、その点についても留意をする必要がある。

　また、後遺障害とは少し離れるが、④歯牙欠損に対する治療方法としてインプラントを採用した場合には、インプラント費用及びそれに関連する費用の相当額の因果関係、⑤インプラントに限らず、一旦治療が終了したものの、一定期間経過後に器具のメンテナンス等が必要となる場合の費用相当額（将来治療費相当額）の因果関係も問題となる。

❸ 後遺障害等級等

ア　後遺障害等級の内容

歯牙障害における後遺障害等級についてみる。

歯牙障害における後遺障害等級は、前述したが、「歯科補綴を加えた」歯牙の本数に基づいて認定されることとなる。具体的には、下記の表のとおり、14級から10級までに分かれており、14級2号が3歯以上、13級5号が5歯以上、12級3号が7歯以上、11級4号が10歯以上、10級4号が14歯以上と分類されている。

■歯牙障害の後遺障害等級

後遺障害等級	後遺障害の内容
10級4号	14歯以上に対し歯科補綴を加えたもの
11級4号	10歯以上に対し歯科補綴を加えたもの
12級3号	7歯以上に対し歯科補綴を加えたもの
13級5号	5歯以上に対し歯科補綴を加えたもの
14級2号	3歯以上に対し歯科補綴を加えたもの

イ　「歯科補綴を加えた」の意義

では、後遺障害等級の認定を左右することになる「歯科補綴を加えた」とは、どういった場合をさすのだろうか。

この「歯科補綴を加えた」とは、現実に喪失（抜歯を含む）または著しく欠損した歯牙（歯冠部の体積の4分の3以上を欠損）に対する補綴、および歯科技工上、残存歯冠部の大部分を欠損したものと同等な状態になったものに対して補綴したものを意味し（高野真人編『改訂版 後遺障害等級認定と裁判実務―訴訟上の争点と実務の視点―』（新日本法規、2017年）479頁）、少しでも歯牙に対して補綴が加えられれば、「歯科補綴が加え」られたということになるというわけではない。

ウ　歯科補綴を行った歯牙の数え方

㋐　算入される歯

まず、歯科補綴を加えた歯には、歯冠部の欠損が大きいため継続歯と

したもの、ブリッジのダミー等が算入される。他方、有床義歯やブリッジなどを用いた場合における支台冠またはクラスプの装着歯やポスト・インレーを行うにとどまった歯牙は算入されない。もっとも、歯冠部の大部分を切除した支台歯は算入される。加えて、亜脱臼の場合に抜歯した歯牙も算入される。

また、乳歯や第三大臼歯（いわゆる親知らず）についても原則として算入されない。もっとも、例外的ではあるものの、乳歯を欠損した場合でも、永久歯が生えないという証明がある場合には算入される余地がある。

(イ)　喪失した数と義歯の数が異なる場合

受傷者が喪失した歯牙が大きいか、または歯冠に間隙があったため、喪失した歯牙と義歯の歯数が異なることがありうる（例えば、喪失した歯牙の数が、後に補綴された義歯の数よりも少ないといったことがありうるだろう）。その場合には、喪失した歯数により等級を認定することとなる。

(ウ)　補綴が行われなかった歯

補綴が行われていなかったとしても、歯牙の喪失、抜歯、歯冠部の大部分の欠損等が確認されれば、算入される（高野真人編『改訂版 後遺障害等級認定と裁判実務—訴訟上の争点と実務の視点—』（新日本法規、2017年）479頁）。

エ　加重障害及び併合

(ア)　加重障害

また、すでに後遺障害等級に該当する程度の歯科補綴を加えられていた状態にあった者が、さらに受傷して歯科補綴を行い、その結果、より上位の後遺障害等級に該当することがある。その場合においては、加重障害として処理されることとなる。

例えば、元々3歯に歯科補綴を加えていた者が、事故によりさらに7歯に歯科補綴を加えた場合には、その後遺障害の等級は11級4号（合計10歯以上）となるが、さらにそこから14級2号分（3歯以上）を差し引くこととなる。

⒤ 併合

なお、咀嚼又は言語機能障害と歯牙障害とが併存する場合であって、前二者が歯牙障害を原因とするものでない場合は、併合して等級認定が行われる。

❹ 後遺障害逸失利益

ア 逸失利益を否定する裁判例

歯牙障害があり、後遺障害等級認定が行われたからといって、直接的に労働能力に影響が生じることは少ない。また、補綴が加えられることによって歯牙の機能が回復するのが通常である。そのため、裁判例においては、逸失利益が否定されることが多い。

例えば、「原告の歯牙欠損は、歯冠補綴装置やインプラント等による治療が行われた結果、歯の機能は補完されたということができ、労働能力の喪失は認められない」として、歯牙欠損による後遺障害逸失利益を否定した例もある（大阪地判平成28・5・27自保ジャーナル1983号136頁）。

イ 逸失利益を肯定する裁判例

しかし、歯牙欠損の事案においても、後遺障害が労働能力に影響がある場合もあり、受傷者が従事している職業や将来の職業選択の可能性等が考慮されるべきである。また、裁判例上、受傷者に歯牙障害があるという事案においても逸失利益を肯定している例はある。

なお、この場合は、労働能力喪失率や労働能力喪失期間は、当該後遺障害等級よりも低めに見られることがある。裁判例をみると、左顎部の14級9号の神経症状及び10級2号の咀嚼障害の労災併合10級に認定されたエステティシャンである有職主婦について、労働能力喪失率を10級相当の27％とした事例（東京地判平25・11・25自保ジャーナル1917号114頁）、12級相当の顎運動に伴う咀嚼障害、13級5号の歯牙障害及び14級10号の顔面線状痕の併合11級を残した線路補修に従事する男性について、その従事する作業には重量のある物の手おろしもあり、顎運動障害が支障となること、同障害のため咀咽困難な食物が増え、飲食に影響し

104

体重が激減していることから、現在減収が生じていないとしても、転職・配置転換の際に支障が現実化する可能性が高いとして労働能力喪失率を14％とした事例（横浜地判平25・2・28自保ジャーナル1896号144頁）、12級14号の外貌醜状、12級3号の歯牙障害の併合11級に認定された25才会社員女性（症状固定時29才）について、外貌醜状による就労への悪影響、開口運動障害、入れ歯による頭痛や対人関係の障害が生じているとし、労働能力喪失率20％としつつ、年月の経過や慣れ等により軽減するものとして労働能力喪失期間を50歳までの21年間とした事案（東京地判平13・8・7交民34巻4号1010頁）がある。

　また、被害者の歯牙障害について嚥下機能、咀嚼機能、発声機能に特段の障害が生じているとは認めがたいとしつつ、歯を食いしばって力を入れるような仕事には不都合をもたらす可能性があり、そのことが被害者の就労の機会や就労可能な職種を狭め、労働の能率や意欲を低下させる影響を与えるものであることが十分に推認されるとしつつも、その程度は大きいものとは認められないとして、その他外貌醜状による影響と併せて労働能力喪失率5％とした事例もある（東京高判平14・6・18交民35巻3号631頁）。

❺ 後遺障害慰謝料

　前述のように、歯牙障害においては、後遺障害逸失利益は否定される傾向にはあるが、そうであったとしても、後遺障害慰謝料の増額が行われることもある。裁判例をみると、11級4号の歯牙障害のそば店男性経営者（固定時49歳）について、歯牙障害が味覚に何らかの影響を及ぼすことがありえ、また、そば屋を業としており通常人以上に味覚に敏感でなければならないとしても、後遺障害により労働能力の一部を喪失したと認めるのは無理であるとして逸失利益については否定したが、それらの事情は後遺障害慰謝料の算定において斟酌するとして後遺障害慰謝料400万円を認めた事例（横浜地判平5・12・16交民26巻6号1520頁）等がある。

❻ インプラントによる治療

ア　インプラントの実施と交通事故との因果関係

　歯牙障害に対する治療方法として、インプラント治療が行われることがある。

　もっとも、訴訟における被告側からブリッジ等による治療で十分であるといった趣旨の反論が行われるなどして争点となり、従来は、裁判例上、インプラントによる治療は否定される傾向にあった。しかし、近年においては、肯定例も増えてきており、インプラントによる治療を行っていた場合は、事故の相手方に対してその治療費相当額を請求すべきであろう。

イ　裁判例

　この点に関する裁判例をみると、「歯牙欠損部の治療に関しては、①インプラント、②可撤性部分床義歯及び③ブリッジの3つの方法が考えられるところ、②の方法については、原告…には四肢麻痺があるため、誤嚥・誤飲のリスクがあり、③の方法については、健全歯削合を要し、2次う蝕のリスクや、支台歯への力学的負担が大きいことなどから、治療法として必ずしも適当ではなく、これらと比較すると、①の方法が望ましいことが認められる」として因果関係を肯定した事例（大阪地判平19・12・10判例タイムズ1274号200頁）がある。

　また「補綴方法として考えられるものは、①可撤式の床義歯、②ブリッジ、③歯科用インプラントであること、補綴を行う際に考慮すべき点は、Ⅰ咬合能力の回復、Ⅱ審美性の回復、Ⅲ補綴物の長期安定性が中心になってくること、①の場合、容易で安価に作成でき、治療期間も極めて短縮できるが、Ⅰ、Ⅱ、Ⅲすべての点で②、③の方法より著しく劣っていること、②の場合はⅠにおいては③とほぼ同等近くの結果を得られるが、Ⅱにおいては外傷で歯槽骨が萎縮している原告に適応すると、補綴物と歯槽骨間の空隙が目立つこととなり、審美的に非常に劣るものとなることが予測されること、Ⅲにおいては比較的長期間安定することが予測されること、②の大きな欠点は、両側臨在歯を大きく切削し

なければならず、両側臨在歯はともにう触のない健全歯であるため、②のために切削することは大きなマイナスで、切削したことが原因で、将来的に歯髄が壊死する危険性が考えられること、③の場合、Ⅰ、Ⅱは圧倒的に優れていること、歯科用インプラントの生着率はおおよそ95％以上とされており、生着した場合、長期安定にも優れた結果が得られることが多いこと」等からインプラント治療の必要性があったと認定した事例もある（名古屋地判平28・11・30自保ジャーナル1992号113頁）。

　これらの裁判例は、いずれも被告側からブリッジを治療方法として採用すべきとして争われたものであるが、裁判所は、有床義歯やブリッジの方法とインプラントとを具体的に比較した上で、インプラントでの治療と交通事故との因果関係を検討している。これらの裁判例は、一般にインプラントの交通事故との因果関係を肯定したわけではなく、具体的な事案において、諸事情を考慮してその因果関係を肯定している。したがって、インプラント費用及びそれに伴う損害賠償を求める場合は、個別具体的な事実関係を主張して、他の治療方法によるのでなく、インプラントによる治療を行う必要があったことを主張することになる。あわせて、費用の相当性についても主張することになるだろう。

❼ 将来の治療費等

　歯牙障害においては、その治療として前述のものがあるが、、義歯等に耐用年数がある等の理由から、将来的に治療費が生じることがある。また、メンテナンスが必要となり、その際に費用が生じることがあるため、これらの治療費やメンテナンス費用についても損害賠償請求が肯定されるかどうかが争点となりうる。裁判例上、肯定例もあるので、受傷者側の代理人に就任した場合は、これらの費用もあわせて請求すべきである。なお、これらの費用について請求する場合は、ライプニッツ係数を乗じた金額となる。

3 資料の収集

❶ 資料取得

　法的な枠組みについては従前述べたところであるが、以下において
は、歯牙障害がある場合の損害賠償請求にあたって、どのような書類を
取得すべきか述べる。

❷ 後遺障害等級認定申請

　歯牙障害の後遺障害の立証資料としては、他の人身傷害の事案と同様、
後遺障害診断書が挙げられる。もっとも、歯科用の後遺障害診断書は、
その他の受傷部位における後遺障害診断書とは異なっている（113・114
頁参照）。

　後遺障害診断書の一部について、その読み方について説明をするが、
歯の部位は歯式で表記される。下記のとおり永久歯は番号で表示され、
乳歯はアルファベットで表記される。また、歯式は、観察者からの視点
としており、正中線から右が患者の左側を、正中線から左が患者の右側
を表現している。

■歯式の表記
　永久歯列の歯式

```
7 6 5 4 3 2 1 | 1 2 3 4 5 6 7
7 6 5 4 3 2 1 | 1 2 3 4 5 6 7
```

　乳歯列の歯式（アルファベットで表記）

```
E D C B A | A B C D E
E D C B A | A B C D E
```

❸ インプラント治療費

インプラントが実施済みである場合を念頭におくが、まずは金額を立証するための資料として治療費に関する領収書等を収集することになるかと思われる。この場合もやはり、診断書及び診療報酬明細書となるであろう。

また、インプラント治療の必要性と相当性について争いがある場合は、可撤式の床義歯やブリッジとの治療方法と比較しつつ、先に述べた裁判例を参照するならば、咬合能力の回復、審美性の回復及び補綴物の長期安定性の観点から具体的にインプラントによる治療が必要であったことを基礎付ける資料を収集することになると思われる。まずは、受傷者から可撤式の床義歯やブリッジでなく、インプラントをすることになった理由を聴取し、次いで、カルテ等の医療資料から裏付けを調査する等を行うことになるだろう。また、上記観点からの資料の収集がうまくいかない場合や受傷者から聴取した情報の裏付けがない場合は、医師面談等を行うということも考えられる。

なお、医師面談に際しては、事前に基本的な用語、一般的な知識について下調べを行い、医師による基本的な話を理解できるようにしておくべきである。その上で、上記インプラントの必要性と相当性の判断に必要となる事実を聴取すべきである。

❹ 将来治療費

将来治療費における証拠資料としては、見積書、従前のものと同種の治療等を行う場合は、少なくとも、その金額のわかる資料が必要になるであろう。

❺ 後遺障害逸失利益

基本的には、受傷者の就業内容、受傷者の症状や、歯牙欠損が労働能力に影響を与えるということに関して立証資料を収集していくことなる。受傷者の症状については、カルテ等の医療資料、受傷者からの事情

聴取によって得られる情報となるであろう。また、労働能力に影響を与えることについては、受傷者の就業内容を明らかにするため、少なくとも受傷者から就業内容について事情聴取を行うことが必要になる。就業内容に争いがあることは考えにくいが、そういった場合には、勤務先の上司や同僚等から就業内容の聴取等行うなどして、事案に即した対応を行うことも考えられる。受傷者が診察の際に、就業中における症状や動作への影響について言及し、それがカルテに残されている場合は、まさに、カルテにおけるその記載は、就業内容、受傷者の具体的な症状及び労働能力への影響を立証する資料となりうる。

　なお、後遺障害逸失利益の金額が大きいことから、その存否及び金額については争いが生じやすい。受傷者に対しては、予めその旨説明しつつ、事情の聴取や医療資料の取得等の同意書を取得しておくと、資料の収集が比較的円滑に進みやすくなるだろう。

4 想定される争点とその対策

❶ 事案における争点

　後遺障害の程度に関しては、Ｙ女は異議を出すつもりはないので、Ｙ女の症状が12級３号の後遺障害等級に該当するということには特に争いはない。歯牙欠損の有無については、歯科医師が補綴の有無を確認するため、その有無及び程度については、争点とはなりにくいだろう。

　他方で、後遺障害逸失利益、インプラント費用、将来治療費等については、相手方保険会社と対立が生じており、この点に関して協議を進めていく必要がある。

　また、Ｙ女は合計７本の歯を失っているため、その後遺障害の等級は12級３号に該当するが、元々３本の歯を失っていたため（14級２号）、加重障害の問題が生ずる。そのため、14級分を差し引いた上で、相手方に対して、損害賠償請求を行うことになる。

❷ 後遺障害逸失利益

　本件における主な争点の一つとしては、後遺障害逸失利益となると考えられる。

　この点については、Ｙ女の普段の就業状況及び歯牙障害と就業への影響を具体的に主張及び立証することとなると思われる。本ケース冒頭で面談で聴取した内容によるとＹ女の職業は、会社員であり、経理業務に従事しており、特に業務上の支障にも言及していないのであるから、後遺障害逸失利益は基本的には裁判所でも否定されることになるだろう。

　もっとも、後遺障害逸失利益は金額が大きくなる傾向のある損害項目であるので、Ｙ女からその就業内容の仔細を確認しつつ、Ｙ女の現在の症状と就業への支障の有無を丁寧に聴取して、後遺障害逸失利益の請求

の可否を検討すべきである。そのうえで、Y女には、後遺障害逸失利益に関する見通しを事前に伝えておくべきである。

❸ 後遺障害慰謝料

　上記のとおり、最終的には、後遺障害逸失利益については否定されると思われるが、後遺障害慰謝料については、前述のとおり、後遺障害慰謝料の増額が行われることがあるので、増額後の後遺障害慰謝料を請求していくことになる。

❹ インプラント費用等

　インプラント費用については、医師によってインプラント治療が最善の方法であると判断された場合（もちろん、その根拠等が重要ではあるが）、その治療費相当額についても損害として肯定する事例も少なくない。したがって、今回においてもインプラントの実施やそれに関連する費用についても積極的に損害として主張すべきであろう。もちろん、その際には、将来のインプラント更新費やインプラントのメンテナンス費用相当額の請求も漏らさないようにすべきである。具体的な請求金額については、受診先の医療機関からの見積書等を取得することを試みるのがよいであろう。

❺ 将来治療費

　矯正等により治療完了までに時間を要する場合や、義歯等に耐用年数がある程度予想されるものについては、事故との相当因果関係が肯定されうるため、その点も積極的に主張することになる。

自動車損害賠償責任保険 後遺障害診断書（歯科用）

フリガナ		男	受 傷 日	年　　月　　日		
氏　　名		・ 女	治ゆ日	年　　月　　日		
			通院期間	自　年　　月　　日	実治療日数	
生年月日	年　　月　　日（　　才）			至　年　　月　　日	（　　　日）	
住　　所			職　　業			

傷病名	

<table>
<tr><td rowspan="3">事故前</td><td colspan="2">① 今回の事故前に、喪失または歯冠部の大部分（歯冠部体積の4分の3以上）を欠損していた歯
（補綴済みの歯、C₄の状態の歯については右頁のⅡ－2参照）</td></tr>
<tr><td colspan="2">
7 6 5 4 3 2 1 ｜ 1 2 3 4 5 6 7
7 6 5 4 3 2 1 ｜ 1 2 3 4 5 6 7
</td></tr>
<tr><td colspan="2" align="right">該当歯　計　　　歯</td></tr>
</table>

<table>
<tr><td rowspan="3">事故前</td><td rowspan="3">補綴前</td><td>② 今回の事故により、喪失または歯冠部の大部分（歯冠部体積の4分の3以上）を欠損した歯
（乳歯の損傷については右頁のⅡ－4参照）</td></tr>
<tr><td>
　　E D C B A　A B C D E
7 6 5 4 3 2 1 ｜ 1 2 3 4 5 6 7
7 6 5 4 3 2 1 ｜ 1 2 3 4 5 6 7
　　E D C B A　A B C D E
</td></tr>
<tr><td align="right">該当歯　計　　　歯</td></tr>
</table>

<table>
<tr><td rowspan="3">事故後</td><td rowspan="3">補綴後</td><td>③ 今回の事故による歯の治療の必要上、抜歯または歯冠部の大部分（歯冠部体積の4分の3以上）を切除し、
歯科補綴を施した歯　　　　　　　　　　　　　抜歯・切除の理由</td></tr>
<tr><td>
7 6 5 4 3 2 1 ｜ 1 2 3 4 5 6 7
7 6 5 4 3 2 1 ｜ 1 2 3 4 5 6 7
</td></tr>
<tr><td align="right">該当歯　計　　　歯</td></tr>
</table>

備考	

上記のとおり診断いたします。

所　在　地
医療機関名

診　断　日　　　年　　月　　日
診断書発行日　　　年　　月　　日　　医師氏名　　　　　　　　印

【後遺障害診断書（歯科用）】

診断書作成の前に必ずお読みください

Ⅰ．本診断書の目的

　　本診断書は、自動車損害賠償責任保険（自賠責保険）における後遺障害に該当するか否かを判断するために使用します。自動車事故（以下「事故」という）による歯の損傷の状態を記入してください。

　　本診断書は、治療費を請求するためのものではありませんので、各欄の記入対象歯以外は記入されないようにご注意ください。

Ⅱ．記入上のご注意

1. 各欄においてそれぞれ該当する歯を○で囲み、総数も記入してください。
   なお、該当する歯がない場合には、該当歯　計0歯と記入してください。
   また、同一歯が複数の欄に記入されることはありません（後記Ⅲ. 設例をご参照ください）。
2. ①欄に該当する歯には、今回の事故前に、抜歯または歯冠部の大部分を欠損し、既に補綴されていたものも含みます。
   また、事故前からC₄の状態であった歯も歯冠部の大部分を欠損していた歯に該当します。
3. ③欄に該当する歯がある場合には、同欄の右余白に抜歯・切除の理由を記入してください。
4. 第三大臼歯は後遺障害の対象としておりませんので記入の必要はありません。
   また、乳歯の損傷は原則として後遺障害の対象としておりませんので、記入の必要はありません。
   ただし、事故により、乳歯を欠損し永久歯の萌出が見込めない歯は、②欄に記入し、萌出が見込めない理由を同欄の右余白に記入してください。
5. その他参考意見がございましたら、備考欄にご記入下さい。

Ⅲ．設　例

　　下記の設例（1. 受傷内容　　2. 治療内容）の場合は、記入例（3.）に従い診断書を作成してください。

1. 受傷内容
   4|は、歯冠部体積の約2分の1を欠損し、歯髄が露出、5|は、歯冠部の大部分を欠損した。
2. 治療内容
   4|は、抜髄後歯冠部の大部分を切除し、メタルコア支台築造の上、Br冠支台とし、5|は、保存不能のため抜歯した。さらに、6|は、生活歯歯冠形成を行い、Br冠支台としたが、歯冠部の大部分を切除するには至らなかった。
3. 記入例
   4|は、治療の必要上、歯冠部の大部分を切除しているので、③欄に記入する。
   5|は、歯冠部の大部分を欠損し、保存不能のため抜歯したので、②欄に記入する（③欄には記入しない）。
   6|は、歯冠補綴したが、歯冠部の大部分の切除には至らないところから、いずれの欄にも記入しない。

(損自)83 2224 5.10. 10×300

PTSD

難しい病名と、難しい依頼者

甲弁護士が受けた法律相談1
（Y女の場合）

❶ 法律相談前の事務所内での打ち合わせ

　甲弁護士は、知り合いの紹介で、Y女から交通事故の相談を受けることとなった。

　予め、Y女との法律相談をする前に、電話にて概論を聞いたところ、Y女の診断名は、PTSDであるということであった。

　甲弁護士は、今までPTSDの事案を担当したことがなかったため、まず、先輩弁護士である乙弁護士に、PTSDについての質問をすることとした。

甲弁護士：乙先生、今度、Y女という方の交通事故の法律相談を受けることになっているのですが、その方が、PTSDらしいんです。何か、気をつけることはありますか？

乙弁護士：甲君、まず、君はPTSDというのが、どういうことなのか、知っていますか？

甲弁護士：ん〜、テレビとかでは、なんかベトナム戦争によって死ぬかもしれないような体験をした米軍兵が、すごいトラウマになってしまって、それがPTSDだ、みたいな話を聞いたことがあります。

乙弁護士：うん、そうだね、その点は、すごく大切なポイントだよ。正確に説明をすると、PTSDというのは、「心的外傷後ストレス障害」というのが、正式な名称だね。

　　そして、このPTSDというのは、「主観病」とも言われていて、これ以外にも、RSDとかCRPSとかいわれている神経症状や、一昔前の低髄液圧症候群とかと同様、客観的な画像等からは必ずしも明確ではない、または分かりにくい症状だといわれているよ。

また、診断基準が、いまひとつ、明確になっていないようにも思われる点や、そもそも、ＰＴＳＤとは何か、ＲＳＤやＣＲＰＳとは何か、低髄液圧症候群とは何か、という点で、共通の見解があるとは言いにくい点で、共通しているね。

　その意味では、この３つについては、医学的な点について、何も準備をしないで臨むと、大失敗をする可能性を秘めている点で、他の捻挫・打撲や、骨折等の事案とは一線を画すると言ってもいいと思うよ。

甲弁護士：そうなんですね。危なかったです。何も準備せずに、そのまま法律相談するところでした。

乙弁護士：良かったね、聞いておいて。

　ちなみに、ちょっと横道に逸れるけど、弁護士といえども、予め、ある程度の医学的な知識の下準備が必要であると思う症例としては、これら以外にも、高次脳機能障害、線維筋痛症、ＴＦＣＣ損傷、ＭＴＢＩ、中心性頸髄損傷、びまん性軸索損傷、非器質性精神障害があると思うよ。

　このあたりは、なかなか目で見えにくいということもあるし、目で見えても、診断基準が確定していないとか、自分達のまわりでよく見るような内容ではなく、分かりにくい症状だからね。

　まあ、分かりにくい症状という意味では、むち打ちも似たようなものだけど、むち打ちで認められる後遺障害等級は、認められても14級、せいぜい12級程度で、むしろ、非該当となることが多いのに対して、これらの症例は、10級以上が認められる可能性が比較的高いんだ。だから、弁護士も医学的な議論に、ある程度はついていけるようにしておかないと、だめだと思うよ。

甲弁護士：なるほど、分かりました。今後、そんな症例があったら、予め、相談させていただきますね。

　ところで、話を戻して、ＰＴＳＤに罹患したという相談者が来た場合、私は、どんな点に注意をしておいたほうが良いでしょうか？

乙弁護士：そうだね。抽象的な話からすると、まずは、ＰＴＳＤというのが、どういうものなのか？　という点を調べておいたほうがいいと思

うよ。

　そして、裁判所がどのようにＰＴＳＤを認定し、どのように評価しているか、という点も調べておいたほうがいいと思う。なお、裁判所の認定については、必ず、昔の裁判例だけではなく、最近の裁判例も調べること。さっきあげた症例の事案は全部そうだけど、ＰＴＳＤとかの症例は、それほど昔からあるものではないんだよ。だから、医学の発展とともに、色々と診断基準が出てきて、その結果、裁判例も、昔の裁判例と今の裁判例とでは、まるで違う基準で判断しているものもある。だから、ちゃんと、最近の裁判例の動向をチェックしておくべきだよ。

甲弁護士：なるほど、分かりました。そしたら、細かい点は後で、ちゃんと文献を読んでおくので、そのとっかかりとして、ＰＴＳＤの概論とかを教えてもらえませんか？

乙弁護士：まず、ＰＴＳＤとは、さっきも言ったように「心的外傷後ストレス障害」のことだよ。そして、甲君が言ったように、ＰＴＳＤは、1970年代のベトナム戦争の帰還兵の精神障害をきっかけとして精神医学の分野において認知された精神疾患の一つなんだよね。だから、歴史としては、それほど深いものではなく、最近でも診断基準が変わっているところだよ。

　ただ、さっきあげたいくつかの症例の中では、比較的、診断基準も固まりつつあるかな、と思うよ。

甲弁護士：そうなんですね。そうすると、ＰＴＳＤというのは、戦争レベルで認められた事案となると、いわゆる単純な追突、つまりバンパーにクリープ現象で追突された、という程度の事故では認められないんですかね？

乙弁護士：よく気づいたね。そのとおりだよ。そのくらいの事故なら、今の診断基準だと、ＰＴＳＤが認められるということはない、と断言してもいいぐらいだと思うよ。

甲弁護士：なるほど、そうすると、診断名にとらわれるだけではなく、また、カルテを読むだけではなく、ちゃんと事故状況も聞いておく必

要があるということですね。

乙弁護士：そのとおり！　ＰＴＳＤについてちゃんと勉強をしないで法律相談をしていると、損害論に関する相談であると判断し、事故状況を聞かずに話を進めてしまっているケースもあるけど、これだと意味はないね。いざ、事故状況を聞いたら、単純な軽微追突事故だった、ということもあるからね。

甲弁護士：分かりました。あと、何か気をつけておくことはありますか？

乙弁護士：あとは、さっきも言ったけど、診断基準だね。

　　ＰＴＳＤは、診断基準が、数年で変わったりすることもあるから、最新のものを確認しておく必要があるよ。

　　さらに言えば、最近のＰＴＳＤが争点となっている裁判例に書いてあることが多いけど、ＰＴＳＤの診断基準には、

　　①米国精神医学会のＤＳＭといわれているものと

　　②世界保険機構（ＷＨＯ）のＩＣＤといわれているもの

　　があって、どちらも、時間の経過とともに、より詳細な基準が出てきているので、最新のものを確認してね。

甲弁護士：分かりました。あとは、何かありますか？

乙弁護士：あとは、仮に、さっきのＤＳＭやＩＣＤで、ＰＴＳＤではないと診断されることとなった場合、どうするか？　ってことかな。どうなると思う？

甲弁護士：ん～、そうですね。ＰＴＳＤでないとすると、その症状が否定されるから、被害者の言っている症状は、無関係ってことになるのでしょうか？　ただ、被害者が嘘をついていないとすれば、ＰＴＳＤでないとしても、被害者が主張している症状は、あるはずだと思うのですが……。

乙弁護士：そうだね。よく気づいたね。

　　裁判例を調べていけば分かると思うけど、ＰＴＳＤであるかどうか、というのは、後遺障害の等級を決める際の一助に過ぎず、ＰＴＳＤであるかどうか、ということそのものは立証命題ではないよ。という

か、そもそも、後遺障害の等級自体も、最終的な立証命題ではないよね。

甲弁護士：そうですね。あくまで、弁護士が裁判をして求めていくのは、「損害賠償」であり、お金です。だから、最終的な立証命題は、そのお金の部分で、ＰＴＳＤに絡む部分としては、後遺障害慰謝料とか、後遺障害逸失利益がいくらになるか？　という点ですよね。

乙弁護士：そのとおり。だから、たまに、被害者がＰＴＳＤにこだわっていることはあるけれども、法律家である原告代理人としては、そこにこだわる必要はないよね。あくまで、後遺障害慰謝料、後遺障害逸失利益をいくら認めてもらえるか？　という点を目指していくんだよ。

甲弁護士：そうですね。ということは、もしかして、ＰＴＳＤでないとしても、別の病名で、後遺障害の等級認定を受けることができる可能性があるってことですか？

乙弁護士：そのとおり！　ＰＴＳＤというのは、さっきも言ったけど、心的外傷後ストレス障害だよね。そして、その具体的な症状は、精神障害なんだよね。その内容については、色々とあるけれども、いずれにせよ、精神障害であるということに違いはない。そうすると、精神障害で認められる他の後遺障害は、何かないかな？

甲弁護士：あ、非器質性精神疾患ですか？！

乙弁護士：そのとおり！

裁判例を見てもらえれば分かるけど、ＰＴＳＤを否定している裁判例でも、非器質性精神疾患を認めている裁判例は、たくさんあるよ。だから、ＰＴＳＤが認められないとしても、それで終わり、とするのではなく、非器質性精神疾患が認められないか、検討したほうがいいと思う。

もちろん、ＰＴＳＤがそのまま認められたほうが、素因減額の可能性も低いし、等級も高いことが多いから、それに超したことはないけれども、ＰＴＳＤが認められなかったとしても、それで諦めるのではなく、非器質性精神疾患が認められないか、検討すべきなんだよね。

甲弁護士：なるほど……。ところで、今、気になるワードが出たのですが……。

　非器質性精神疾患だと、素因減額される可能性が高いのですか？

乙弁護士：ん〜、この点は、正直なんとも言えないけど、通常の後遺障害と比較すれば、その可能性は高いね。それは間違いない。

　ただ、そもそもＰＴＳＤが否認された後、非器質性精神疾患が認められる要件については、あまり明確な診断基準があるわけではないから、個別具体的に検討されているのが、実情なんだ。

　だから、認められる等級やその状況に至る経緯、もちろん、事故態様も含め、そのあたりによって、結論が変わってくるからね。

甲弁護士：分かりました。そしたら、その先についてはちょっと自分で勉強してみますね。

乙弁護士：そうだね。ちなみに、最後に一つだけ、アドバイス。

　そもそもＰＴＳＤは、事故の強烈な恐怖体験によって、心に大きな傷を負うこと、これをトラウマっていうんだけれども、このトラウマによって障害が発生しているものだよ。さらに分かりやすく言えば、ＰＴＳＤに罹患している被害者は、事故そのものが、凄い恐怖体験であると思っているんだ。そうすると、そういう人に対して、法律相談とはいえ、気をつけることがあるのではないか？　と思うけど、どうかな？

甲弁護士：なるほど、確かにそうですね。トラウマを抱えている人に対して、ズケズケと事故状況を聞いていくのは、なかなか難しいかもしれませんね。少なくとも質問の方法については考えますし、場合によっては、付き添いの方にもきてもらうようにします。

乙弁護士：うん、頑張ってね。

❷ 事務所での法律相談

　甲弁護士は、その後、ＰＴＳＤについて記載されている色々な文献を読み、また、裁判例を調べた。

　そして、Ｙ女との法律相談をすることとした。

なお、乙弁護士に相談したとおり、甲弁護士は、法律相談とはいえ、Y女一人だけで来所されるのは心配であったため、Y女に対して、「誰か一緒に来てくれる人はいないか？」という話をしたところ、Y女は、Z男（弟）に付き添ってきてもらう予定をしていた。

　よって、法律相談には、甲弁護士とY女以外にも、Z男も同席することとなった。

甲弁護士：今日は、ご来所、ありがとうございます。

　　　　私は、弁護士の甲と申します。宜しくお願いします。

Y女／Z男：こちらこそ、宜しくお願いします。

甲弁護士：それでは、早速、法律相談に入りたいと思うのですが、ご相談されたい内容は、どのようなことでしょうか？

Y女：実は、1か月前に事故に遭って、それで……（泣き始める）。

甲弁護士：大丈夫ですか？　それでは、まず、事故の状況を教えてください。

Y女：私と夫は、結婚してまだ2年目で、子供も居ないのですが、1か月前に、温泉旅行に行こうと計画をして、車で旅館に向かっていたんです。そして、多摩川の上に架かっている橋の上を走行していたら、対向車線を走ってきたコンクリートミキサー車がセンターオーバーをして、私たちの車両に向かってきました。そして、夫が運転していた運転席に衝突して……（泣く）。

甲弁護士：大丈夫ですか？　無理しないでください。（ここで、甲弁護士は、本件事故が非常に大きな事案であることに初めて気づく）

　　　　もし、説明が難しければ、少し休憩を入れましょうか？

Z男：（Y女に対して）俺から、説明しようか？

Y女：（頷く）

甲弁護士：もちろん、もしY女さんが難しいとか辛いようでしたら、休んでいただいて結構ですよ。

Z男：それでは、私から説明します。姉が説明した以降ですが、私も事故現場を見ていた訳ではないのですが、警察や姉から聞いた話を総合

すると、こんな感じだったそうです。

　つまり、姉の夫が運転していて、姉が助手席に乗っていた車が、多摩川の上に架かっている橋の上を走行していたところ、対向車線を走ってきたミキサー車が、居眠り運転らしいのですが、こっちの車線に飛び込んできて、姉の車両に衝突しました。そして、ミキサー車そのものは運転席側に衝突したので、姉の夫は、即死だったそうです。そして、姉の車は、その橋の上から多摩川に落ちました。どうやら、姉に聞いても、この直後の記憶は曖昧らしいのですが、気づいた時には、水が膝あたりまで来ていたそうです。そこで、姉はその車から出ようと思ったのですが、ドアが上手く開かず、でも、多摩川の比較的水深の高いところに落ちちゃったので、水はどんどん、車の中に入ってくるという状態で、「姉は死ぬかもしれない」、と思ったそうです。

　でも、なんとかその車から出ようとしたらしいです。警察がその場に居た人の話を聞いたら、どうやら、最初の１分ぐらいは車が川の上に浮いていたようですが、すぐに沈み始め、姉がその車から出てきたのは、川に車ごと落ちてから３分から５分ぐらいして、完全に車が川の中に入り込んで、少ししてからだそうです。だから、警察が言うには、おそらく姉は、事故の衝撃で意識が飛び、気づいた時には足下に水が来ていて、車を出ようとしたのですが、車の中に水が入っている最中は、ドアはとても重いらしいのでドアが開かず、完全に水が入ると水圧の差がなくなるので、少しはドアが開くようになって、それで姉は命からがら脱出した、ということのようです。

甲弁護士：そうだったんですか。それは、なんと申し上げていいか…。

Ｚ男：事故状況はこんな感じなのですが、今回相談させていただきたいと思っているのは、姉の治療費なんです。

甲弁護士：え？　相手方は保険に入っていないのですか？

Ｚ男：いや、相手方はちゃんと保険に入っているのですが、相手方保険会社が、姉の治療費については、支払うことができない、というのです。

甲弁護士：え？　そんなこと、ありますか？

Ｚ男：いや、正確には、姉は、今回の事故があったにもかかわらず、不

幸中の幸いというべきか、捻挫・打撲で済みました。そこで、その治療費については見てくれているのですが、姉は、今回の事故で、どうしても水が徐々に体の周りを上がっていく感じとか、ミキサー車とかが怖くなって、町を歩いていても、ミキサー車はもちろん、トラックとかの大きな車両が近くを通ると、耳を塞いでしゃがみ込むという状態になっていますし、お風呂も、シャワーまではなんとか入れるみたいなのですが、浴槽に入るのが怖いみたいで……。

甲弁護士：なるほど。

Ｚ男：それで、姉は、このことを通っていた整形外科の先生（医師）に相談をしたら、「精神科を紹介するので、そこに通われたらいかがですか？」と言われたそうです。そこで、このことを相手方の保険会社に伝えたところ、「精神科の分については、ご主人様、つまり、姉の夫が死亡したことによる慰謝料で勘案するもので、治療費としての支払いはできない」と言われたそうです。

甲弁護士：なるほど。

Ｚ男：でも、もちろん姉の夫が死亡したことによる損害は、それはそれで賠償してもらうべきものであると思いますが、姉の精神科の治療費については、その中で対処すべき問題なのか、それとも、姉の怪我として対応してもらうべきなのか、そこのところがよく分からなかったので、今回、相談させていただきました。

甲弁護士：そうなんですね。ところで、Ｙ女さんの肉体的な怪我、つまり、捻挫・打撲についての治療はどうなっていますか？

Ｚ男：その点は、整形外科の先生に聞いても、姉に聞いても、もう大丈夫だそうです。実際に、青あざは、もう消えてますし、本人も痛みはないそうです。

甲弁護士：そうなんですね、分かりました。だいたい、状況は把握しました。私たち弁護士は、あくまで、法律的なアドバイスをする職業であり、診断をする立場ではないので、細かい医学的なことまでは分かりません。よって、最終的には、精神科の先生に聞いてもらう必要があると思いますが、おそらく、Ｙ女さんのその精神的な部分の怪我

は、ＰＴＳＤである可能性があると思います[1]。

　ＰＴＳＤとは、心的外傷後ストレス障害のことをいうのですが、分かりやすく言うと、強烈な恐怖体験によって、心に大きな傷、これを医学用語で「トラウマ」というようですが、このトラウマがあることによって、日常生活が営めなくなるものです。

　いずれにせよ、Ｙ女さんに、そのような症状があるということであれば、今回の事故の状況やＹ女さんのお話しを総合すると、精神科での治療は、Ｙ女さんのご主人様が亡くなられたことによる傷害というよりも、Ｙ女さんご自身が体験されたことによるＹ女さんご自身の傷害の可能性が高いと思います。

　そして、Ｙ女さんご自身の傷害ということであれば、ご主人様が亡くなられたことによる損害とは別に、Ｙ女さんご自身の損害として、相手方に請求できるものになります。

Ｚ男：そうなんですね。

甲弁護士：また、そうなると、そのレベルの傷害の場合、今後、つまり、治療の進捗にもよりますが、後遺障害として認められる可能性も出てきます。ですので、まずは、治療をしっかり進めていただき、治療費については、相手方に払ってもらうという方向で進めていくことが大切だと思います。

Ｚ男：分かりました。ところで、相手方が支払ってくれないということであれば、どうしたらいいでしょうか？

甲弁護士：この点は、なかなか難しいところではありますが、まずは、病院に行って、ちゃんと診断をしてもらうべきです。そして、その診断結果を相手方保険会社に伝えれば、今回の事故状況等からすれば、おそらく、相手方保険会社は支払ってくれるとは思います。ただ、それでも相手方保険会社が支払ってくれないということであれば、自由

---

[1] 弁護士は、診断をする立場ではないため、傷病名について、断言することは、必ず避ける必要がある。また、医師の見解と弁護士の見解が異なることも多々見られるが、「弁護士の見解」は、あくまで裁判所に認定してもらうことができそうか？　ということを説明するための「見解」であり、「医師の診断を否定する趣旨ではない」ということを明確に伝えておく必要がある。

診療での通院ですと、非常に金額が高額になることから、ご自身が加入されている健康保険を利用して通院し、自己負担した額を将来的に相手方に請求するということが、次善策になりますね。

Ｚ男：なるほど。ところでＹ女は、弁護士費用特約に加入しているのですが、先生はこの事案を受けてくれますか？

甲弁護士：弁護士費用特約に加入されているのですか？　そうだとすれば、もう少し事案が単純になりますね。そしたら、Ｙ女さんさえ良ければ、私が受任して、相手方保険会社と交渉してみますよ。

Ｚ男：あ、そうなんですか？　それは、すごく助かります。姉の夫の件についても、ゆくゆくは弁護士に依頼しなきゃいけないと思っていたので、そうであれば今から姉の分も任せられると、私も本当に助かります。実は姉は、相手方保険会社と話をするのも辛いと言っていて、ずっと私が窓口をしていて。でも、私は私で仕事もありますので、大変だったんです。

甲弁護士：分かりました。そういうことであれば、委任状と委任契約書と作りますので、まず先に、資料をいただきたいと思います。

　このようなやりとりを行った後、結局Ｙ女は、甲弁護士に、依頼をすることとなり、委任状・委任契約書を作成し、事件を進めることとなった。

2 法律相談後の対応 （Ｙ女の場合）

❶ ＰＴＳＤとは

　ＰＴＳＤとは、前記のとおり、心的外傷後ストレス障害のことである。

　概ね、前記「法律相談前の事務所内での打ち合わせ」の項にて記載のとおりであるが、元々はベトナム戦争の帰還兵の精神障害について研究が進み、命名された概念であり、当初は「ベトナム戦争後症候群」という概念で提唱されていたものである。

　よって、その歴史は、決して深いとは言えない。

　そして、それがために、現在でも多少ではあるが、診断基準が改訂されている。

　いずれにせよ、ＰＴＳＤ自体は、強烈な恐怖体験（外傷体験）により、心に大きな傷（トラウマ）を負い、種々の症状が発生し、社会生活・日常生活等の機能に支障をきたす疾患である。

❷ 診断基準

　前記記載のとおり、ＰＴＳＤについては、現在でも研究が行われている。本書執筆時点では、診断基準は概ね固まったような気風があるが、将来どのように診断基準が変わるのかは、分からない。

　よって、詳細な診断基準については、各自、相談を受けた時点で調べていただきたいと思料する。

　しかしながら、現在の裁判例では、ＤＳＭ、ＩＣＤの診断基準がベースとされており、①強烈な外傷体験、②再体験症状、③回避症状、④覚醒亢進症状等があるかどうかを個別に検討することとされている（東京地判平14.7.17判時1792号92頁を皮切りに、多数の裁判例が、これに追随しており、最判平23.4.26（判タ1348号92頁）も、同趣旨である。ただ

し最判はあくまで、趣旨が同　という程度であり、必ずしも同一基準であるかどうかまでは、触れられていないし、また、交通事故事案でもない点に注意が必要である）。

　他方で、医師によっては比較的安易に、すなわち、上記のＤＳＭやＩＣＤの診断基準によらずに、別途の診断基準により、ＰＴＳＤとの診断名を付することも多い。

　よって、実務上は、どのような診断基準により、ＰＴＳＤの傷病名を確定させるのか、という点も大きな争点となる。

❸ 事案解決のポイント

　前記記載のとおり、医師によっては、比較的安易にＰＴＳＤとの診断名をつけることも見られるため、ＰＴＳＤの診断名がつけられている患者＝相談者（依頼者）は、決して少なくない。

　しかしながら、裁判所において、ＰＴＳＤが認定されるかどうかは、まったく別ものである。

　よって、ＰＴＳＤとする診断書があるからと言って、それを鵜呑みにして方針を決めたり、相談者に回答をすることは、厳に慎まれるべきである。誤った方針、誤った回答となる可能性が非常に高いものである。

　ＰＴＳＤの診断名がついているからというだけでは、裁判所がＰＴＳＤを認定してくるとは、全く限らないのである。

　もっともこれは、あくまで裁判所が認定してくれるかどうか、という点に限っての弁護士の見解であり、医師の診断を否定する趣旨ではない。この点、つまり医師の診断を否定する趣旨ではないという点を、依頼者には、明確に説明しておく必要がある。将来、裁判をする場合、時として主治医に協力を仰ぐ必要が出てくる場面もあるが「医師の診断を否定した」という事実が予め依頼者から医師に伝えられると、場合によっては、主治医の協力を受けることができなくなる可能性があるからである。

　なお、医師に協力を仰ぐ方法についてだが、弁護士が主治医に直接話を聞きにいく、という方法も考えられる。しかしながら、弁護士と主治

医が直接会って話を聞くことについては、慎重な検討が必要である。医師によっては、「弁護士はお金を請求するだけの仕事である」とか、「弁護士は医療過誤の相手方」というイメージがついている医師もおり、元々、弁護士に対して拒絶反応を示している医師も少なくない。よって、事案によっては、弁護士が直接医師に話を聞きに行くのではなく、依頼者や医療系のリサーチ会社経由にて調査を依頼することについても、一考の余地がある。もちろん、医師によっては、弁護士に対して好意的な医師も多数見られる。そのような場合には、弁護士が医師に、直接話を聞きに行くことについて消極的になる必要は全くない。

　ところで、上記DSM、ICDの診断基準からしても、PTSDに該当するであろうと思われる事案については、PTSDであることを前提として、方針を検討することとなる。

　いずれにせよ、相談者がPTSDであるのかどうかについては、診断名のみに依拠するのではなく、弁護士は、弁護士として、上記診断基準に基づき適宜検討し、方針を決定するべきであるし、相談者にもその点を十分に理解してもらう必要がある。

❹ 資料収集

　前記のとおり、PTSDの診断基準は、日進月歩で改訂されることから、そのときどきに応じた資料収集をすることとなる。

　ただ、いずれにせよ、明らかにPTSDであろうと思われる事案以外は、加害者側も通常はPTSDの罹患の事実を争ってくる。そうすると、自ずと詳細にわたった資料収集が必要となることは明らかである。

　具体的には、症状の立証のために、診断書・診療報酬明細書はもとより、カルテや看護記録等（入通院の具体的な状況や、医師、看護師への主訴の内容等が分かる資料）も必要であるし、事故状況についての立証資料（刑事記録、物損の損害についての資料）等も必要となる。また、併せて、家族等からヒアリングした被害者に日常生活・社会生活に関する資料も必要となろう。

❺ その後の対応

　前記のとおり、Ｙ女の事故状況は、すさまじく、また、近親者も死亡しており、自身も死の間際を体験したものである。

　よって、このような事案に遭遇したとすれば、客観的な部分でのＰＴＳＤの診断基準は、優に満たしていると言える。

　あとは、Ｙ女が、日常生活・社会生活で、どのような不都合が生じているのか、という点を立証することで、容易にＰＴＳＤの認定を受けることができるであろう。

　なお、この点の立証方法としては、陳述書（本人作成のものや、親族作成のもの等）があげられ、今回のケースで言えば、お風呂の浴槽に入るのが怖いとかトラック等が横を通過するだけで耳を塞いでしゃがみ込む、というような事柄を立証することになろう。

甲弁護士が受けた法律相談２
（W女の場合）

　甲弁護士は、以前行ったY女の事案により、ＰＴＳＤについて詳細に調べ、的確な対応をした。よって、Y女の事案については、無事に解決し、Y女も満足をした。

　ところで、Y女と同じ病院に通っていたW女が、Y女からこの話を聞き、自分も甲弁護士に依頼したいという趣旨で、法律相談に来た。

W女：今回は、Y女さんに紹介されました。先生が、ＰＴＳＤの事案について、すごくよく理解して、すごく良くしてくれたということで、私もお願いしたいと思います。

甲弁護士：初めまして、ありがとうございます。それでは、一から事案をお伺いさせてください。

W女：はい！　まず、私は、Yさん女と同じ病院に通っていて、Y女さんとは、別の先生ではあるのですが、ＰＴＳＤの診断書を作成してもらえているので、それを持ってきました。でも、相手方の保険会社が、治療費を認めてくれないんです。先生なら、勝てますよね！

甲弁護士：ちょっと待ってくださいね。順を追って確認する必要がありますので、一つずつお伺いさせてください。

　まず、さっきの話だと、ＰＴＳＤの診断書はあるんですね。

W女：はい、あります！

甲弁護士：分かりました。そうしたら、事故状況からお伺いさせてください。

W女：はい。私が自転車で商店街を走っていたら、しかも、商店街ですので、そんなにスピードは出ていないんですよ。歩くよりちょっと速いぐらい。で、そして、駐車していた軽自動車が居たので、その横を通り過ぎようとしたら、その軽自動車が急に動いたんです。私もう、

びっくりしちゃって、ハンドルを切って、ブレーキをかけて避けよう
としたのですが、そしたら自転車のかごに、買い物をした荷物を入れ
ていたものですから、バランスを崩して転んでしまったんです。もう
う、本当にびっくりしました。ただ、転んだといっても、私自身は、
その場でゆっくり倒れるって感じだったので、別に大けがはしていま
せんし、何ならあざもなかったんですよね。もちろん、レントゲンと
かで見てもらったのですが、骨折もなかったです。だから、それ自体
は良かったと思ったのですが、結局その後、腰が痛いし、それ以降、
その商店街を通るのが怖くて怖くて。で、最初に行った病院では、精
神科を紹介されて今では、Ｙ女さんと同じ精神科のある病院と、整形
外科に通うことになった、って感じです。

甲弁護士：なるほど、だいたい分かりました。そうしたら、相手方保険
　会社は、どのように言っているのですか？

Ｗ女：相手の保険会社は、整形外科の分は認めるが、「それ以外は認め
　ない」って言ってきてるんです。むかついたから「ふざけんな！　そ
　れなら、本人に請求してやる！」って言ってやりましたよ。そした
　ら、相手が弁護士を入れてきて、相手の弁護士も払えないの一点張り
　です[2]。しかもこの間、事故から半年が経ったから、もうこれ以上は
　整形外科の分も支払えない、と言ってきました。

甲弁護士：なるほど、相手はすでに弁護士委嘱しているということです
　ね。分かりました。ところで、精神科の病院の先生は、ＰＴＳＤにつ
　いてはどのように言っていますか？

Ｗ女：う〜ん、よく分からないけど「とりあえず、ＰＴＳＤって診断名
　にはしておくね」って言ってくれました。だから、大丈夫だと思いま
　す！

甲弁護士：ん〜、そうなんですね。
　　それでは、今までお伺いした内容を元に、つまり、あくまでお伺い
　した内容をベースに、という趣旨になりますし、現時点では明確な回

---

[2]　被害者が、加害者本人に対して請求する旨の発言は、加害者側が弁護士を入れることとなる典型
事例の一つである。

答をすることができるわけではありませんが、それを前提にお話しさせていただきますね。

　結論から申し上げますと、おそらくそれでは裁判所は、ＰＴＳＤを認定してくれることはないのではないか、と私は思います。

　もちろん、やってみなきゃ分からないですし、絶対という趣旨ではないですが、やはり、今お伺いした内容ですと、ＰＴＳＤが認定される可能性は低いと思います。

Ｗ女：どうしてですか!!　病院の先生が診断してくれているんですよ!!

甲弁護士：Ｗ女さん、落ちついてください。まず私は、あくまでＷ女さんの味方であり、相手方の味方ではないですので、今まで申し上げたことも、これから申し上げることも、Ｗ女さんのためのお話しです。

Ｗ女：すいません、ちょっと取り乱しました。お伺いします。

甲弁護士：良かったです。さて、ＰＴＳＤについてですが、そもそも、ＰＴＳＤに限らず、それ以外の後遺症とか傷害もそうなのですが、あくまで弁護士ができるのは、法律に関する部分です。そして、法律に関する部分というと、今回は民事事件であり、相手方にいくら請求をすることができるか？　ということになります。そして、ＰＴＳＤという診断名があっているのか、誤っているのか？　という点は、あくまで、裁判所が最後に決定し、それを前提に賠償額を認定します。

　つまり、分かりやすくいうと裁判所は、医学的にＰＴＳＤの診断があっているかどうかということを考えるのではなく、あくまで、法律上ＰＴＳＤかどうか、法律上ＰＴＳＤを前提とした賠償を認めるべきか、という視点で考えます。もちろん、その判断をするために、医学的にはどのように判断されるのか？　臨床医、つまり、あなたの通われている病院の先生は、どのような診断名をつけているのか、という点も判断材料の一つにしますが、それにとらわれるものではなく、今までの裁判例の集積等を踏まえて、検討されるということとなります。

　そして、ＰＴＳＤについていえば現在は、国際的な診断基準である、ＤＳＭとかＩＣＤ等の診断基準を使って判断をしている裁判例が

非常に多い、ということです。

　そして、細かい話は一旦省略しますが、このＤＳＭとかＩＣＤ等の基準からすると、Ｗ女さんの症状はＰＴＳＤに該当しない可能性が高いということですね。

Ｗ女：あ、確かに精神科の先生も、そんなことを言ってました。「ＩＣＤ－10の基準では、ちょっと足りないけれども、ま、広い意味でのＰＴＳＤだと思うよ」みたいな話を言っていたと思います。

甲弁護士：あ、そうなんですね。そうであるとすれば、ほぼ間違いなく、ＰＴＳＤが認定される可能性は低いですね。

Ｗ女：なるほど、そうなんですね。そしたら、どうしたらいいんでしょうか？

甲弁護士：まずは、二つに分けて考えましょう。一つは、整形外科関係の部分、腰痛の部分ですね。そしてもう一つが、精神科の部分です。

　まず、精神科については、治療費はどのように支払っていますか？

Ｗ女：相手方が支払えないというので、健康保険を利用して支払っています。本当は使いたくなかったのですが、健康保険を利用しないと、すごい高い金額になるので……。

甲弁護士：分かりました、それは、とてもよい判断ですね。将来認定されない可能性もありますので、治療費については、健康保険を利用して、できるだけ少額にしたほうが良いです。

　それでは、整形外科分はどうですか？

Ｗ女：これは、今まで相手方が払ってくれていたので、今はまだ、自分では払っていません。でも、今月末でもう払われなくなります。

甲弁護士：分かりました。そういうことであれば、来月以降については、通院をされるのであれば、健康保険を利用して支払ってください。内容にもよりますが、治療が一段落したらその分も一緒に請求しましょう。

Ｗ女：分かりました。そこで、ＰＴＳＤの分は、どうするのですか？私は、ＰＴＳＤではないんでしょ？

甲弁護士：確かに、ＰＴＳＤと認定される可能性は低いとは思います。

しかし、私は、精神科の部分を完全に諦めるようとは思っていません。というのは、確かに、ＰＴＳＤであるという主張のみですと、精神科の部分については、全く認定されないとは思います。しかしながら、非器質性精神疾患というような形で主張すれば、もしかしたら、ＰＴＳＤであると認定された場合の満額には満たないものの、一部は認めてもらえるかもしれません。そこで、そのような方法で進めることができないか、最終的にはカルテ等を確認して、判断していきたいと思います。

Ｗ女：そうなんですね、ありがとうございます。やっぱり、先生にお願いして良かったと思います。

甲弁護士：方針について理解していただけて良かったです。それでは、委任状と委任契約書と作りますので、まず、先に、資料をいただきたいと思います……。

4 法律相談後の対応（W女の場合）

❶ 診断基準に則して考える

　前記のとおり、ＰＴＳＤの診断基準は、日進月歩で改訂されることから、そのときどきに応じて検討することとなるが、いずれにせよ、本書執筆時点では、W女の遭遇した事故状況が、ＤＳＭ、ＩＣＤの診断基準である「①強烈な外傷体験」（127頁）に該当しないことは、誰の目からみても明らかであろう。

　よって医師が、ＰＴＳＤの診断名を付していたとしても、それを鵜呑みにしてはならない。

❷ 味方であることを伝える

　W女との会話を見てもらえれば分かるとおり、W女は、比較的精神的に不安定になりがちである。

　また、ある意味、必然であろうかと思われるが、このような相談をされる方は、非器質性精神疾患に罹患している可能性が高く、非器質性精神疾患に罹患されている方は、元来、精神的に弱い方が多い。

　そのため、自分の思っている内容と異なる結論が出た場合、不安定な態度を取られることが多い。

　そこで、弁護士としては、依頼者と正面から向き合って、伝えるべきことは伝えなければならないものの、あくまで味方である、という点を明確に伝える必要がある。

　なお、詳細は本書の趣旨とは離れるため、ここでは述べないものの、別途パーソナリティー障害を持つ依頼者との対応方法については、確

認・検討する必要性はあろうかと思われる[3]。

❸ 別の方法があることを伝える

　ＰＴＳＤでないからといって、他に対応する方法がないとは限らない。

　前記記載のとおり、非器質性精神疾患等に罹患したことを理由に、請求をすることが検討はできる。

　よって、最初から全部、諦める必要はない点に注意を要する。

❹ 健康保険の利用

　ＰＴＳＤに限った話ではないが、相手方保険会社が治療費を直接支払ってくれないような事態に陥った場合、健康保険等を利用することは必ず検討すべきである。

　病院で支払う治療費は、診療点に基づき計算され、どのような治療等をしたら、○○点というように、まずは点数で積算される。

　そして、病院によっても異なるが、多くの病院は自由診療であれば、１点あたり20円にて積算する病院が多い。

　他方、健康保険を利用すれば、１点あたり10円であり、国民健康保険の場合は、その３割負担となる（ことが多い）から、実際には１点あたり、３円を支払うということになる。

　そうすると、窓口での依頼者＝患者の負担する金額の差は、約７倍となっており、立て替える資力が少ない場合には、健康保険利用は必須と言えよう。

　また、仮に立て替えをする資力が十分であったとしても、①傷害の内容によっては、仮に、１点あたり20円として被害者が支払っていたとしても、裁判所が認定する治療費としての損害は、１点あたり10円とされることがある（東京地判平25.8.6自保ジャーナル1905号17頁参照）。さらに、②健康保険組合による求償が行われる、ということから、結論に相違はないのではないか？　という点もあるが、この点については、自賠

---

[3] 参考になる書籍として、岡田裕子編著『難しい依頼者と出会った法律家へ』（日本加除出版、2018 年）

責保険に対する被害者請求については、健康保険組合の求償より、被害者請求が優先されるということとなっている関係で、健康保険を利用した場合としない場合とでは、結論が異なるものである。また、③仮に、被害者側に過失が存する場合には、治療費の総額が減額されるというのは、過失相殺との関係で、自身が受領することができる慰謝料等の額が増額することに等しい。

　以上からすれば、健康保険利用について拒む理由は一切なく、むしろ、自由診療でなければならない特別な事情がない限り、原則として健康保険を利用すべきと考えられる。

❺ カルテを確認する

　当然のことであるが、このような事案の場合、診断書の文言のみから裁判所が判断することはない。

　よって、カルテを取り付けて確認しておくことは、非常に有用である。

　また、W女の場合には、すでに、6か月程度の期間が経過していた、という事案であるため、遅いかもしれないが、医師にカルテへの記載を詳細にしてもらうよう、伝えておくことも大切である。

　すなわち、被害者が医師から聞いた話や、医師が被害者から聞いた話については、被害者が単独で主張したとしても、裁判所が認定してくれるとは限らない。

　しかしながら、カルテに記載されていれば「そのような話があった」という事実までは、まず間違いなく認定してもらうことができる。

　立証命題との関係で、間接的にはなるが、カルテへの記載が決め手になることも、決して少なくない以上、カルテにはちゃんと記載してもらうよう被害者、すなわち患者から医師に伝えたほうが良い。

　また、取り付けたカルテについては（費用との兼ね合いもあるが）、日本語以外で記載されている部分や読みにくい字については、翻訳を依頼し、翻訳を付記してもらうほうがベターである。裁判所で証拠として出す場合にはもちろん、そうでないとしても、担当弁護士が一から読み解く必要があることから、カルテの翻訳はできることであれば、してお

くべきであろう[4]。

　なお、当然のことであるが、カルテを取り付けた以上は、一読は必須である。もちろん、内容を全部覚える必要はなかろうと思われる。しかしながら、カルテ上被害者側にとっては致命傷と言えるようなことが記載されていることも少なくない。例えば（本件とは異なる事案ではあるが）可働域制限による後遺障害を主張している被害者につき、後遺障害診断書に記載されている可働域制限が、それ以前に計測された可働域よりも悪化しているような場合である（整形外科的には、特段の事情がない限り、外傷後は、好転するか固定するのが一般的であり、悪化することは通常考え難い）。そのような事案に当たった場合には、訴訟等に移行するのではなく、交渉で解決をするほうが賠償をしてもらう金額が高額になる可能性が高い上に、早期に解決することから、その点を依頼者に十分説明し、その上で方針を決定すべきである。

---

[4] カルテの翻訳方法としては、カルテの翻訳を業務としている会社へ依頼するのが、一番分かりやすい。インターネット等で、簡単に調べることができる。

5 等級認定

❶ 精神的な障害

　後遺障害等級が何級と判断されるかは、被害者の傷病名がＰＴＳＤと認定されるかどうかによるが、いずれにせよ、ＰＴＳＤは精神的な障害である。

　よって、回復が見込まれないという場合には、通常は、後遺障害別等級表別表第２の第９級10号（神経系統の機能又は精神に障害を残し、服することが出来る労務が相当な程度に制限されるもの）、又は、同第12級相当（通常の労務に服することは出来るが、多少の障害を残すもの）、もしくは、同第14級10号（通常の労務に服することは出来るが、軽微な障害を残すもの）に該当すると認定されるであろう。

　しかしながら、①まず、上記等級表は、現在の自賠責保険の等級表には記載がないため、労災障害認定基準にて確認する必要があり、②（ＰＴＳＤに限った話ではないが、ＰＴＳＤの場合にはより一層当てはまる点として）上記等級表があることを前提にしながら、中間的な等級が認定されることがある（11級に認定した裁判例として、京都地判平23.4.15自保ジ1854・47）。さらに、③（これも、ＰＴＳＤに限った話ではないが、ＰＴＳＤの場合にはより一層当てはまる点として）自賠責保険で認定されたからといって、裁判所が認定するとは限らず、④また、逆に、自賠責保険で認定されなかったからといって、裁判所が認定しないとは限らない。

　その意味では上記等級認定も、結局のところ目安程度にしかならないものと言えよう。

❷ 等級認定を受けるのがベター

　なお、前記③記載のとおり、自賠責保険で等級認定を受けることができたとしても、裁判所が認定するとは限らないというのは、そのとおりであるが、とはいえ自賠責保険で等級認定を受けることができていれば、加害者側から争われない可能性は高まる。また、加害者側が争ってきたとしても、自賠責保険で認定を受けているのであれば、裁判所も比較的認定しやすい心証を抱くこととなろう。しかも、仮に、自賠責保険が非該当との判断を示したとしても、その理由部分が明確になることによって、裁判でも争いやすくなるものである。

　その意味では、自賠責保険での等級認定を受けておいたほうが、実務家としては、ベターである。

6 訴訟

❶ Y女の場合

　Y女の事例の場合、訴訟にしなければならないケースは、非常に少ないであろう。

　すなわち、加害者側（保険会社）も、「この事案を訴訟に移行されると、最終的な支払額が高額となる可能性が高いし、また、ＰＴＳＤについても、まず間違いなく認定されるであろう」という予想をしているであろうことから、訴訟前での解決を求めてくると思われる。

　よって、訴訟としなければならないケースにはなりにくい。

　しかしながら、認定された後遺障害等級に満足がいかない等の可能性もある。

　その場合、訴訟をしなければならないこともあろうかと思われるが、その場合の注意点は、次のとおりである。

① 　このような事案に出会ったとしても、必ずしも、ＰＴＳＤが絶対
　　に認定されるとは限らないこと
② 　後遺障害等級については、最終的には、裁判所の裁量に存する部
　　分であり、自賠責保険が認定していたとしても、その等級が認定さ
　　れるとは限らないこと
③ 　実際に訴訟提起した場合、加害者側から思わぬ立証をされる可能
　　性があること（例えば、被害者の行動調査等により、回避症状が出
　　ていない等である）

　これらの点、すなわちリスクについては、十分、考慮した上で、検討をすべきであろう。

❷ W女の場合

　W女の事例の場合、訴訟をすることとなるケースは、比較的多いかと思われる。

　しかしながら、当然のこととして、ＰＴＳＤはもちろん、非器質性精神疾患も認められない可能性も高い。また、腰痛についての損害も、満額認定されるかどうかについては、分からない。

　よって、次善策として必ず、自賠責保険に対する被害者請求を先行させる必要がある。

　そして、少なくとも自賠責保険から、受領することができるものを受領し、不足分を加害者に請求するのである。

　なお、現時点では、仮に訴訟を先行させた場合で「裁判所の認定額」が「自賠責保険が本来であれば、認定していた額」を下回った場合、自賠責保険は裁判所の認定額以上には支払ってくれない、という運用となっている。

　よって、被害者請求を先行させた場合と、訴訟を先行させた場合とで、被害者が受領することができる金額の総額が変わることもあり、後者の場合には、前者の場合を下回る可能性が十分存する点に注意が必要である[5]。

　また、訴訟においては、医師の診断名が、ＰＴＳＤとなっている以上、ＰＴＳＤを傷病名として請求すること自体は、間違っていないと思われるが、必ず予備的に「非器質性精神疾患」の点についても、触れることとすべきである。

　弁論主義との関係で、被害者側が、ＰＴＳＤしか主張していない場合、訴訟での争点は「この被害者は、ＰＴＳＤに罹患していたのか、否か」の二択となる可能性が高い。

---

[5] なお、将来的には、さらに、一歩前進（被害者保護という側面においては後退）し、「自賠責保険が支払った部分とはいえども、相当因果関係がない部分については、自賠責保険会社や任意保険会社ではなく、加害者本人へ返還せよ（不当利得返還請求）」という判決が出る可能性もないわけではない。執筆者がそのように考える理由として、広島地判平29・2・28判タ1439号185頁参照。

そうすると、ＰＴＳＤではない＝後遺症は存しないという認定になる可能性が高く、認容額が大幅に減額してしまうからである。

　仮に、非器質性精神疾患である点の主張があれば、裁判所も「ＰＴＳＤではないが、非器質性精神疾患である」として、14級等を認定しやすい、という実情もある。

　その意味で、上記の主張は、必須であろう。

　なお、「非器質性精神疾患」に関する一般的なリスクは、次のとおりである。

① 　そもそも、「非器質性精神疾患」の診断基準自体が、曖昧であることから、確実な予想は困難であること
② 　「非器質性精神疾患」の場合には、併せて、素因減額をされる可能性があること
③ 　他の部分の治療（Ｗ女の場合には、「腰痛」）に関する損害についても、素因減額をされる可能性が出てくること

　これらの点のリスクも、十分に考慮した上で、検討すべきである。

　なお、Ｗ女の場合には、相手方も６か月程度の腰痛部分に対する治療は認めていた。

　よって、双方弁護士が介入して交渉を行った場合、この点については、いわゆる裁判基準に準じた解決を図ることができると予想される。

　そうすると、上記リスクとの兼ね合いでこの解決額、すなわち、裁判になった場合、相手方からの提示額を、維持することができるかどうかは、なかなか悩ましい問題となる。

　実際に、訴訟提起をし、裁判所が認定した金額が加害者側の事前提示額を下回る、という事例も多々見られるものである。

7 難しい傷病名の注意点

❶ PTSDについて

　以上のとおり、ＰＴＳＤについては、そもそも歴史が深くはなく、現在でも、その治療の方法はもちろん、診断基準についても日進月歩で進歩しているものである。

　よって、この症状について、確実な予想をすることは非常に難しいというべきである。

　しかしながら、Ｙ女の場合とＷ女の場合を比較すれば明らかであるとおり、医師が同じ診断名をつけていたとしても、その事故の状況等は全く異なると言っても過言ではない程度の違いがある。

　そうすると、裁判官も、両者を比較して、Ｙ女とＷ女を同じ診断名がついているからといって同じ結論に導くということはないであろう。

　この点を重々承知した上で、依頼者との相談・受任に望むべきである。

❷ よく分からない傷病名（珍しい傷病名）について

　ＰＴＳＤ以外にも、ＲＳＤやＣＲＰＳ、低髄液圧症候群、高次脳機能障害、線維筋痛症、ＴＦＣＣ損傷、ＭＴＢＩ、中心性頸髄損傷、びまん性軸索損傷、非器質性精神障害等のあまり聞き慣れない傷病名については、法律相談を受ける前、もしくは、遅くとも受任を受ける前に、必ず、その傷病が、どのようなものなのか、及び、裁判所はどのように判断しているのか、について調査をする必要がある。

　近年、交通事故事件は、弁護士であれば民事交通事故訴訟損害賠償額算定基準（通称、赤い本）を読めば、誰でもできる等という風潮がないわけではないし、また、弁護士費用特約保険の普及により、依頼者・相談者が、安易に受任を求めてくることも多い。

他方で、いわゆる保険会社側の弁護士は、同様の事案を非常に多数、行っている（ことがほとんどである）。

そのため、交通事故に明るくない弁護士が、聞き慣れない傷病名の事案を受任し、特別な調査をせずに進めていった場合、保険会社側の弁護士から、思いも寄らない部分で反論を受けることがある。

その際、手遅れになっていなければ問題はないが、事案によっては、できるだけ早い時点で行っておかなければならない検査があることもあるし、また、少なくとも依頼者に予め、リスク説明（見通しの説明）を行っておかなければならない事案も、多数存する。

そこで、あまり聞き慣れない傷病名の事案が来た場合には、早々に、調査をする必要がある。

その意味で、本ケースは、初学者が、ＰＴＳＤ事案を受任することを想定して作成した、というよりも、初学者が、ＰＴＳＤのような聞き慣れない傷病名の事案を受ける場合に、検討すべき事項を伝えるために、本ケースを作成した次第である。

❸ よく分かっていると思っている傷病名について

なお、前記には、「よく分からない傷病名について」として、検討すべき事項を記載したが「よく分かっていると思っている傷病名」についても、再度、研究を重ねることを勧めたい。

例えば、「複雑骨折」という言葉、診断名があるが、これについては、骨折部分が複数箇所あり、骨がいくつかの部分に分かれるような骨折であると勘違いされている読者も多いとは思うが、これは完全に間違いである。

分かりやすく表現をすると、複雑骨折とは、骨折した骨が皮膚を突き破っている状態のこと、すなわち、開放性骨折のことをいうのである。

他方、前記骨がいくつかの部分に分かれるような骨折は、「粉砕骨折」という。

ちなみに、「偽関節」という言葉も、「人工関節」と勘違いされている方も多いが、そうではない。

このように、イメージと実際が異なる文言は、多数存する。

また、そもそも「骨折」は、「診断名」であり、「骨が折れている」症状のことをいうし、裁判においては「事実認定」の問題であるが、医師にとっては、「評価」の問題である。

つまり（前記記載のような「粉砕骨折」等、明らかに誰が見ても骨折といえるものは格別）、いわゆるヒビが入っている、ということも「骨折」ではあるが、この「ヒビが入っているのか否か」ということは、レントゲンなどを見る医師による「評価」である。

場合によっては「骨折」ではなく、「骨挫傷」である可能性もあるし、単純に画像の上では、薄い影があるように見えるが、撮影方法の問題である場合もある。

そうすると、事案によっては、主治医が「骨折」と診断していたとしても、そもそも「骨折ではない」と認定される可能性もあるのである。

このように、交通事故事案を受任する弁護士は、事故の状況や過失割合以外にも、多数の事項を調査することができるようにしておかねばならない。

しかしながら、近時の弁護士の中には、この辺りを理解せずに、診断書等に記載されている診断名、入通院期間、入通院実日数のみに埋没し、これを鵜呑みにして、各種書面等を裁判所に提出している事例も多々見られる。

このような対応は、当該弁護士が弁護過誤（とまでいうかどうかは別として）のような状態に陥るだけではなく、依頼者に対して、非常に多くの迷惑をかけることになることから、避けるべきである。

事項索引

執 筆 者 一 覧

稲葉　直樹（いなば　なおき）

事務所　ＡＩＮ法律事務所（東京弁護士会所属）

役職等　日弁連交通事故相談センター委員

担当：**ケース６**

野俣　智裕（のまた　ともひろ）

事務所　弁護士法人ダーウィン法律事務所（東京弁護士会所属）

役職等　日弁連交通事故相談センター本部示談あっ旋担当委員

担当：**ケース３**

濱田　祥雄（はまだ　さちお）

事務所　和田倉門法律事務所（東京弁護士会所属）

担当：**ケース５**

石濱　貴文（いしはま　たかふみ）

事務所　平井法律事務所（香川県弁護士会所属）

担当：**事件受任前の基礎知識、ケース１**

古郡　賢大（ふるこおり　まさひろ）

事務所　東京グリーン法律事務所（東京弁護士会所属）

担当：**ケース２**

井上　陽介（いのうえ　ようすけ）

事務所　ＡＩＮ法律事務所（東京弁護士会所属）

担当：**ケース４**

6つのケースでわかる！
弁護士のための後遺障害の実務

2020年11月12日　初版発行

著　者　　稲葉直樹・野俣智裕・濱田祥雄
　　　　　石濱貴文・古郡賢大・井上陽介
発行者　　佐久間重嘉
発行所　　学 陽 書 房

〒102-0072　東京都千代田区飯田橋1-9-3
営業　電話　03-3261-1111　FAX　03-5211-3300
編集　電話　03-3261-1112
http://www.gakuyo.co.jp/

ブックデザイン／佐藤　博
DTP制作／みどり工芸社　　印刷・製本／三省堂印刷

物損事件の処理に
役立つ情報が満載！

初めての法律相談対応から事件解決まで、必ず役立つ1冊！
訴状や示談書例、法律相談時のチェックリスト等の資料を掲載！

弁護士費用特約を活用した
物損交通事故の実務

狩倉博之・渡部英明・三浦靖彦・杉原弘康［編著］

A5判並製／定価＝本体2,300円＋税

交通事故と社会保険の
知識をすっきり整理！

交通事故にまつわる社会保険の論点を、裁判例を参照しつつ整理。
実務家が現場で悩む論点を網羅した1冊！

職業・年齢別ケースでわかる！
交通事故事件　社会保険の実務

中込一洋［著］

A5判並製／定価＝本体3,200円＋税

交通事故事件処理に必要な
保険の知識を１冊に！

保険法の実務と理論をリードする著者陣が、豊富な約款と条文、裁判例を用いて解説。交通事故事件を扱う機会が急増している実務家必携の書。

交通事故事件対応のための
保険の基本と実務

大塚英明・古笛恵子 ［編著］

A5判並製／定価＝本体3,200円＋税